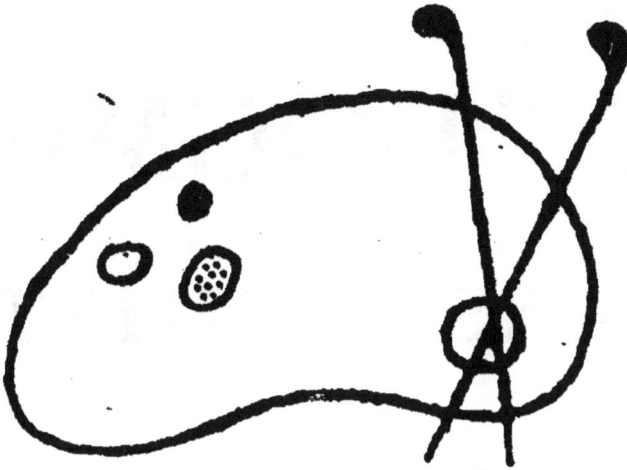

Début d'une série de documents
en couleur

LE "DOGME"

TRANSFORMISTE

PAR

Le PROFESSEUR GRASSET

FORMATION HISTORIQUE ET EXPOSÉ
CRITIQUE DU " DOGME " TRANSFORMISTE-
MONISTE. — SON DEGRÉ DE CERTITUDE
SCIENTIFIQUE. — EST-IL APPLICABLE A
L'ÉTUDE PHILOSOPHIQUE DE L'HOMME?

LA RENAISSANCE DU LIVRE
78, Boulevard Saint-Michel, 78 :: PARIS

BIBLIOTHÈQUE INTERNATIONALE DE CRITIQUE

○ ○ ○

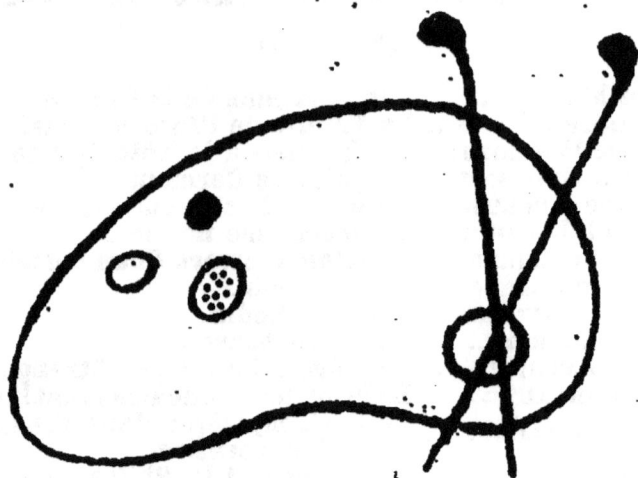

Fin d'une série de documents
en couleur

Le

"Dogme" transformiste

et

la Philosophie

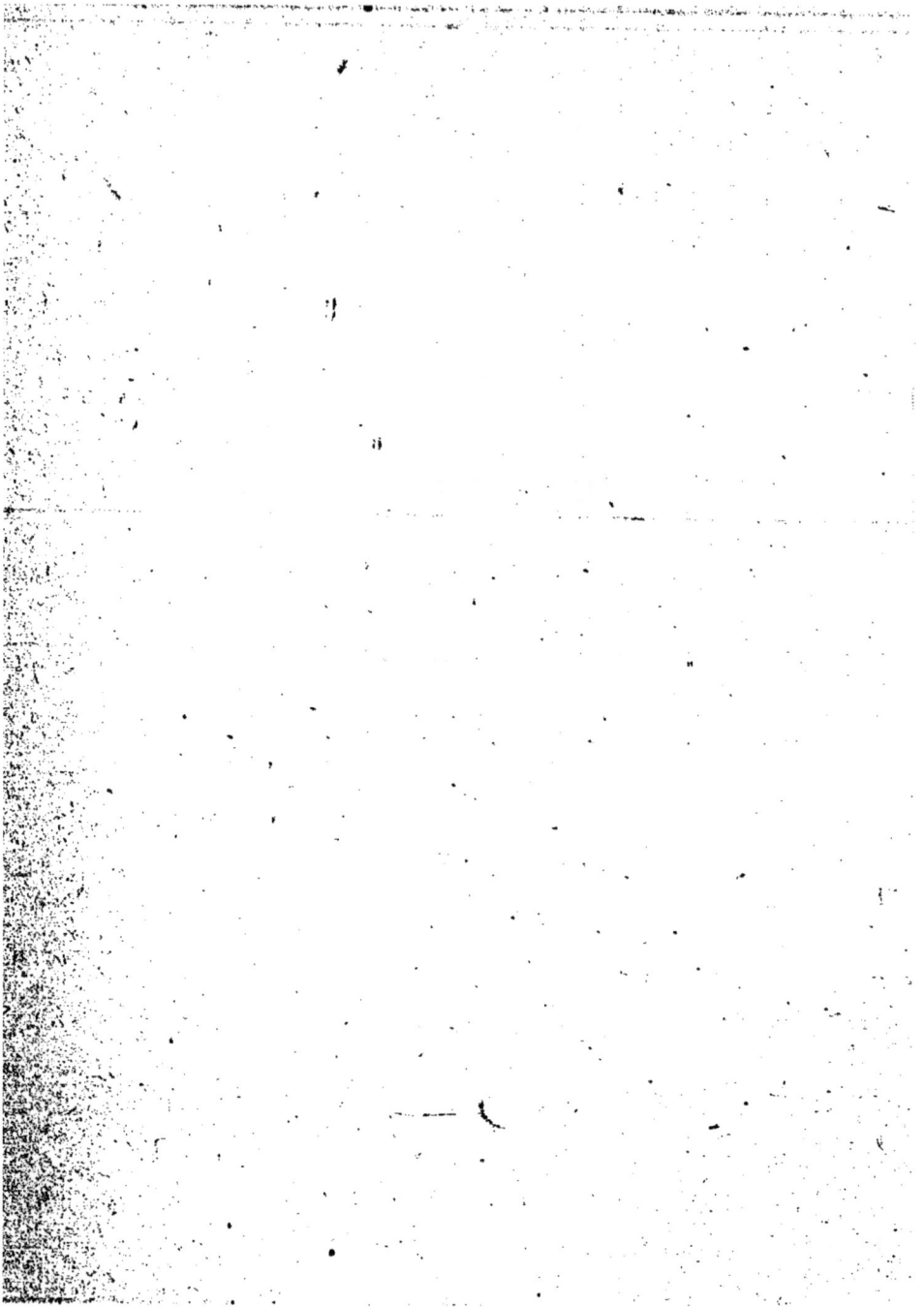

Docteur GRASSET

PROFESSEUR HONORAIRE A LA FACULTÉ DE MÉDECINE DE L'UNIVERSITÉ
DE MONTPELLIER
ASSOCIÉ NATIONAL DE L'ACADÉMIE DE MÉDECINE.

Le
"Dogme" transformiste

et

la Philosophie

DON
182269

PARIS
LA RENAISSANCE DU LIVRE
78, Boulevard Saint-Michel, 78

Tous droits de traduction, d'adaptation et de reproduction réservés
pour tous pays.
Copyright by La Renaissance du Livre, 1918.

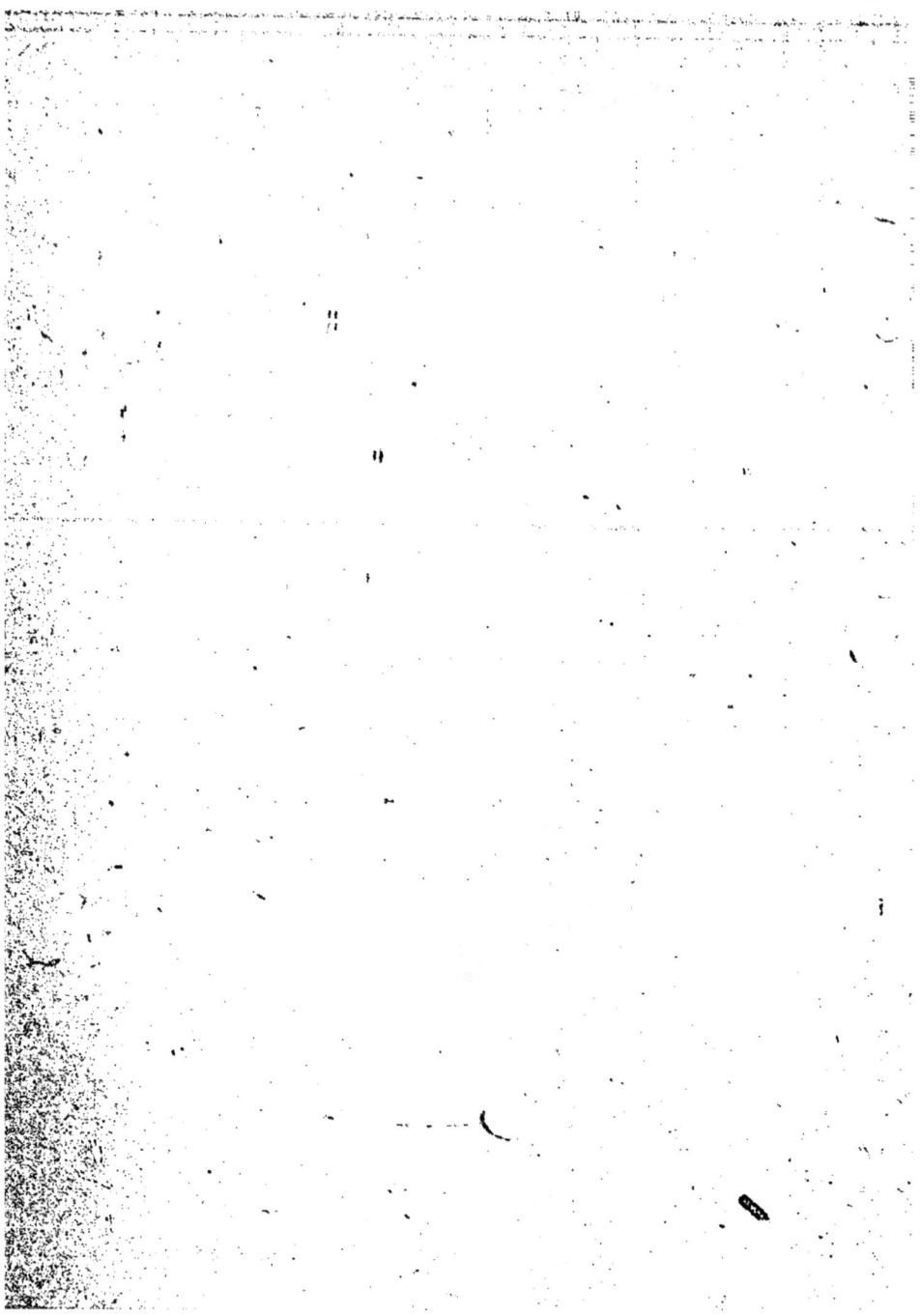

L'ŒUVRE DU DOCTEUR GRASSET

Lorsqu'il publia, en 1901, les Limites de la Biologie (1), *le professeur Grasset, de Montpellier, avait déjà révélé ses tendances philosophiques dans les préfaces de ses leçons cliniques, dans des essais, des conférences; il avait beaucoup écrit, mais pas encore un livre tel que celui-ci: de philosophie pure.*

Le livre fut discuté; il réussit. Bourget en préfaça une des éditions. Le Dantec reconnut en son auteur un adversaire important; et une controverse s'engagea, qui ne devait être interrompue que par la mort, à peu de jours d'intervalle, en 1918, de ces deux nouveaux champions d'une des plus anciennes querelles de l'esprit humain.

Des Limites *date, pour le* Dr *Grasset, une orientation nettement philosophique, qui d'ailleurs n'allait en rien ralentir son labeur médical. Il continua d'être ce qu'il était depuis plus de vingt-cinq ans, un praticien et un maître, en neurologie et en médecine générale.*

Praticien, il le fut au sens rigoureux du mot, à peu près jusqu'à ses derniers jours (consultations, service

(1) Bibliothèque de philosophie contemp., Alcan.

d'hôpital, centre de neurologie de la XVIᵉ région pendant la guerre) ; restant ainsi en contact avec la bienfaisante réalité, se maintenant dans la discipline médicale, qui est celle de la soumission au fait. Ses observations, il les méditait dans sa vieille maison montpelliéraine, devant le même décor familier qu'il voulut à toute sa vie intellectuelle : les tours carrées de la Cathédrale et les créneaux de la Faculté parmi des feuillages. C'est sur ce fond de tableau qu'il faut replacer son visage, d'intelligence vive et narquoise. Une incessante mobilité intérieure semblait y affleurer à la surface, s'y traduire par des rides expressives, y faire briller les yeux embusqués derrière les lunettes, et animer jusqu'aux cheveux dressés en boucles, jusqu'à la barbe rousse et dorée.

Neurologue... : S'appuyant sur ceci : que la maladie fait une cruelle expérimentation sur l'homme vivant, Grasset observa les hommes malades et fut d'abord frappé par la forme des désordres créés dans le fonctionnement de l'appareil nerveux par des lésions diverses. Celles-ci coupent certaines voies de l'influx nerveux, suppriment ou excitent certains centres ; le rouage, bloqué ou affolé, se révèle du coup et permet de reconstruire le jeu régulier de la machine. C'est en analysant, par exemple, la déviation de la tête et des yeux (1876-1878), au cours de l'attaque d'apoplexie, que Grasset put décrire un système moteur des yeux (les nerfs oculogyres), aujourd'hui classique, que le scalpel le plus habile n'eût pu dissocier. C'est en analysant les états de désagrégation psychique (distraction, sommeil hypnotique, hystérie, troubles du langage) qu'il traça du psychisme inférieur le schéma connu du polygone (1)... *Il s'appliqua à étudier dans l'appareil nerveux, non des organes isolés, mais des fonctions (normales ou déviées par la maladie) (2).*

Il étendit la méthode et professa qu'il faut, en neurologie, abandonner le penser anatomique, qui est rudimentaire et trompeur, et qui se contente d'étiqueter les apparences, révélées par la dissection sur l'homme mort, — et qu'il faut lui substituer le penser physiologique, ou plutôt physiopathologique, qui étudie le mécanisme en mouvement de l'homme vivant, bien portant et malade. Au rebours de l'anatomiste Vésale qui s'écarte et s'étonne, devant un cadavre qui se dresse et ne veut pas rester mort, le physiologiste s'approche, le prend par la main et le prie de marcher.

Sa doctrine physiologique, inspirée par la neurologie, Grasset la généralisa ensuite à toute la médecine.

La maladie n'est caractérisée ni par un organe lésé, ni par le microbe qui le lèse, mais par la fonction atteinte dans l'économie, et déviée. C'est l'homme vivant qui fait sa maladie : vieux principe de l'école de Montpellier, ici rénové.

Non satisfait par la seule étude du système nerveux, qui n'est qu'une des grandes fonctions de l'organisme (celle de l'élaboration de l'énergie), il passa en revue toutes les autres fonctions, par quoi l'homme reçoit la matière et la fait servir à soi, lutte pour se maintenir contre diverses agressions (antixénisme) et se continue,

(1) *L'Hypnotisme et la Suggestion*, Encycl. scientif., Doin, 1903.
— *Le Psychisme inférieur*, Bibl. de phil. expériment., Rivière, 1906.
(2) *Maladies de l'Orientation et de l'Equilibre* et *Introduction physiologique à l'étude de la philosophie*, Bibl. de phil. contemp. Alcan, 1901 et 1907.

malgré sa mort, dans ses descendants. Cet exposé, didactique et critique, constitue un imposant ouvrage en cinq volumes (1), qui trahit une constante préoccupation de ne pas tuer en disséquant, mais de saisir dans son ensemble le vaste système de la vie. Hantise du « vivre » qui ne peut étonner dans l'Ecole de Barthez.

Et qui explique que nul n'ait été moins « Tour d'ivoire » que le Dr Grasset. Il fut de ceux (communications, rapports, cliniques, conférences, conversations ou lettres) par lesquels passent toutes les questions médicales, et par lesquels, de rebondissement en rebondissement, la science médicale d'un pays progresse et vit. Et quand il traitait avec prédilection des problèmes tels que ceux de la responsabilité des criminels (2), ou qu'il collaborait à des œuvres d'assistance (tuberculeux, infirmes, blessés de guerre), n'était-ce pas encore participer à la vie en société, c'est-à-dire à la forme la plus haute peut-être et comme multipliée de la vie ?

* *

Les Limites de la Biologie *inaugurèrent donc la série de ses essais philosophiques.*

Les progrès admirables des sciences naturelles, au XIXe *siècle, particulièrement la constatation de la variabilité de certaines espèces et la doctrine transformiste et évolutionniste qui en est sortie ; — d'autre*

(1) *Traité de Physiopathologie clinique,* 5 vol. in-8, Coulet Montpellier 1909-1913.
(2) *Demi-fous et Demi-responsables,* Alcan 1906.
— *La Responsabilité des criminels,* Bernard Grasset, 1907.

part, les éclatantes découvertes faites, dans le même temps, en sciences physiques et chimiques, et leurs applications inattendues, se déclanchant l'une par l'autre et bouleversant de fond en comble la vie individuelle et sociale, ont abouti à une nouvelle conception de la Biologie.

Celle-ci : Il y a, dans la nature, une série de formes, différentes entre elles par leur degré de développement progressivement croissant, mais non par leur essence, depuis le caillou jusqu'à l'homme. Pas de hiatus entre les corps inanimés et les animaux; ni entre ceux-ci et l'homme. L'étude de l'homme doit donc être ramenée à la biologie générale et fondamentalement à l'étude de l'amibe. Et la biologie générale ramenée à la physico-chimie. Il n'y a plus, en fin de compte, qu'une science : la biologie physico-chimique.

Le tourment de l'esprit humain qui animait déjà les alchimistes du Moyen Age, celui de l'unité, va s'apaiser. Le but de la Science, qui est bien de grouper les faits sous des lois de plus en plus compréhensives, est atteint. L'unité de connaissance est réalisée. Une unité de méthode lui appartient, et c'est la méthode expérimentale, objective.

L'objectif, c'est-à-dire le mesurable, l'enregistrable, est seul scientifique et mérite, seul, de caractériser ce temps qui vient d'advenir. Ce temps, notre temps, correspond au troisième état des états successifs d'Auguste Comte : l'état scientifique ou positif. Il remplace à jamais l'état métaphysique ou abstrait, qui a lui-même culbuté dans le passé l'état théologique ou fictif.

La Biologie nouvelle, étant la seule science admissible,

toutes les sciences, tous les arts doivent être amenés à elle, comme des enfants respectueux, afin d'être reconnus s'il convient. Ce qui de la psychologie, de la morale, des sciences sociales, de l'esthétique, de la mathématique... peut se soumettre à la méthode expérimentale objective est reconnu légitime. Ce qui, de ces sciences ou arts, ne le peut pas, est déclaré un jeu de l'esprit, seulement « plus compliqué que la marelle ou les échecs » et propre à être abandonné aux gens badins. Pour la métaphysique et la religion, ce ne sont pas certaines de leurs parties, mais leur totalité qu'il faut éliminer de la sorte. On voit que lorsque la Biologie embrasse ses enfants, c'est parfois pour les mieux dévorer.

Un tel tableau des prétentions de la Biologie, fait par le livre des Limites, et avec plus de rigueur, n'est pas aventuré : Grasset le trace avec les citations elles-mêmes des biologistes éminents.

Au sortir de cette épreuve d'épuration, entreprise par la Biologie maîtresse, le déchet est abondant. De l'étude de la vie il ne reste plus qu'une physique, insoucieuse de ce qu'elle ne peut encore atteindre dans l'état actuel de la science, c'est-à-dire de la vie elle-même. De la psychologie, il ne reste que la psychophysique : quelques mesures qui n'ont souvent qu'une apparente rigueur et qui sont en tout cas disproportionnées à tout l'appareil mis en branle. De l'histoire, des actions et réactions sans intelligence. De la morale il reste une hygiène ; ou plus exactement le conseil de l'égoïsme et de la lutte féroce, calqué sur la conduite des animaux dans la série. De la mathématique, si elle est d'origine expérimentale, il ne reste que des approximations, ni absolues, ni nécessaires. De la recherche des causes il ne reste rien, puisque l'homme, autrefois dénommé l' « animal des causes premières », l' « animal métaphysique », ne peut plus qu'enregistrer des rapports de phénomènes à ses tambours de Marey.

Pourtant pour tous ces problèmes laissés de côté, n'y aurait-il pas d'autres moyens d'investigation, aussi recommandables que ceux de la Biologie ? Le Dr Grasset le pense. C'est pourquoi, dans les Limites, il tente d'abord de limiter la Biologie dans l'exercice fécond de l'observation externe, objective. Puis de revendiquer une place indépendante, hors de la Biologie, pour l'observation interne, l'introspection. Celle-ci est légitime elle aussi, puisqu'elle est l'exercice normal de la conscience et puisqu'elle précède même l'observation externe et en est la condition. Cette méthode quoiqu'extra-biologique est la juste base de tout ce qui vient d'être interdit dans la psychologie, la juste base de la morale, de la métaphysique...

Le règne de l'unité de connaissance et de méthode n'est pas encore advenu. Les trois états d'Auguste Comte ne sont pas successifs, mais sont des modes parallèles de l'esprit. La Biologie n'est pas maîtresse, n'est pas servante, conclut le livre des Limites, c'est une amie qui doit rester sur ses terres.

Ce livre est un livre de libéralisme intellectuel : un biologiste y veut limiter la Biologie, afin que ne soient pas limités par elle l'esprit humain, ses autres moyens de recherche et ses autres espérances.

* *

Trois titres principaux pour ce nouvel alinéa:
Biologie humaine ; Devoirs et périls biologiques ;
Idéalisme positif (1).

En 1914, treize ans après la parution des Limites,
*le Dr Grasset envisagea la question sous un nouvel angle
et aboutit à une conclusion qui peut, à un premier
regard, paraître contradictoire.*

*Si on ne définit plus l'homme par son ancêtre rudi-
mentaire, l'amibe, mais par lui-même ; si on ne pose
pas comme un principe préalable qu'il est impossible
de découvrir dans l'homme des caractères non déjà
ébauchés chez l'amibe ; si l'on s'évade du point de vue
amibocentrique et qu'on observe simplement l'homme
tel qu'il est, la question peut changer de face. L'attitude
n'est pas illogique : l'homme tel qu'il est, est ainsi depuis
de longs siècles ; on le peut considérer comme une
espèce fixée et provisoirement ne pas se préoccuper de
ses origines préhumaines.*

Une observation anatomique *de l'homme montre
de grandes ressemblances entre sa forme et les formes
animales : la notion de continuité dans la série, jusqu'à
l'homme inclusivement, admise par la plupart des
anthropologistes, est morphologiquement acceptable.
Mais observons l'homme* physiologiquement *(et l'on*

(1) *La Biologie humaine*, 1914 (parution retardée par les événements jusqu'en 1917). Flammarion, Bibl. de philos. scient.
— *Devoirs et périls biologiques*, Alcan., Bibl. de philos. contemp.
1917.
— *L'Idéalisme positif*, in *Revue Philosphique* (février et
mars 1917).

se rappelle la doctrine médicale du Dr Grasset sur la prééminence du penser physiologique). D'abord nous constatons que son fonctionnement obéit à des lois physicochimiques qui l'apparentent aux corps inanimés, et à des lois de biologie générale (l'« idée directrice de la vie » de Claude Bernard) qui l'apparentent aux animaux. Mais nous découvrons ensuite qu'il obéit à des lois humaines, à des lois qui lui sont propres. Ce sont les lois qui régissent son fonctionnement psychique : étude de prédilection de Grasset, nous l'avons vu.

L'homme est un animal singulier. Il possède une supériorité intellectuelle incontestable qui a établi sa maîtrise sur le monde vivant et inanimé. Supériorité intellectuelle qui s'est manifestée, dès les origines, par la découverte du feu, de l'aiguille, des outils : inventions merveilleuses, égales en valeur révolutionnaire à nos inventions contemporaines ; ce qui a fait dire à Gourmont que le cerveau humain a été doué dans tous les temps d'une même puissance (loi de constance intellectuelle). Mais ne s'accroissant pas comme puissance essentielle, le cerveau s'augmente quant à son contenu (dépôt grandissant des découvertes des générations successives) et proportionnellement s'accroît sa puissance efficace. D'où la loi du progrès indéfini, dont Grasset fait, après la supériorité intellectuelle, un nouveau caractère spécifique de l'homme.

Physiologiquement donc, par les caractères précédents et par d'autres caractères, dont nous rencontrerons quelques-uns en cours de route, l'homme ne ressemble plus aux animaux ; il en diffère. Il y a discontinuité fonctionnelle dans la série et Grasset pense qu'elle autorise une biologie spéciale : la Biologie

humaine. *C'est, rajeunie par des arguments nouveaux,*
« la science de l'Homme » du vitaliste montpelliérain
Barthez ; la vieille doctrine du « règne humain », selon
l'expression d'Isidore Geoffroy Saint-Hilaire, reprise
par Quatrefages.

La Biologie humaine *est une science positive,*
puisqu'elle est basée sur l'observation de l'homme,
c'est-à-dire sur l'expérience, à la condition d'admettre
que cette expérience sera non seulement externe, mais
aussi interne : introspection. C'est dire que, sans contra-
dictions, Grasset va faire rentrer dans la Biologie
humaine la psychologie (avec ses dépendances : morale,
logique, sociologie...) qui avait été chassée de la Biologie
générale et pour laquelle il avait, dans ses Limites,
revendiqué une place indépendante au soleil.

Le fait de pouvoir fonder sur cette nouvelle biologi e
une morale est, aux yeux de l'auteur, d'une valeur pri-
mordiale. La Biologie générale était incapable de
fournir cette base, puisqu'elle conseillait au contraire
la lutte féroce et l'égoïsme ; et il importait pourtant
de découvrir un principe scientifique pour la morale,
dans un temps où les morales traditionnelles perdaient
leur autorité auprès de beaucoup.

Edicter des devoirs, pour la Biologie humaine, n'est
autre chose que formuler les lois qui régissent en fai
les hommes ; suivre ces devoirs, c'est obéir aux lois
humaines, c'est simplement être normal. Ces lois,
nous l'avons dit, sont physico-chimiques, animales et
proprement humaines. Et parmi ces dernières la loi de
supériorité intellectuelle et du progrès indéfini. L'homme
doit non seulement conserver, accroître sa vie physique

et psychique et la transmettre, mais encore participer au mouvement ascensionnel et continu de l'humanité ; l'altruisme et l'entr'aide y sont nécessaires : lois de la participation personnelle et de la collaboration de tous au progrès indéfini.

Mais les lois humaines ne sont pas acceptées automatiquement par l'homme, ainsi que les lois physico-chimiques par les corps inertes et que les lois de Biologie générale par les animaux ; et voici un nouveau caractère spécifique de l'homme : ses réactions propres à ses lois propres. Elles sont discutées et acceptées « librement ». Ce qui ne veut pas dire par un effet sans cause, mais suivant un déterminisme humain, personnel, imprévisible, qui est une détermination par soi-même, par le dedans et non par le dehors ; l'obéissance à une causalité intime et non à une causalité extérieure.

Comment la Science peut-elle imposer les lois de morale humaine, après les avoir formulées ? Elle peut conseiller, elle peut dire que suivre ses préceptes, c'es pour l'homme être normal, comme de manger ou de raisonner juste. Mais si je veux être malade, de corps et d'esprit ? La Science peut formuler des principes, ou bien contraindre par l'intermédiaire de la Justice, mais non obliger... La Biologie humaine, ici, intervient à nouveau. Elle prétend découvrir en nous, expérimentalement, par simple observation, et par conséquent accepter comme un fait positif, sans en discuter l'origine (innée, héréditaire, acquise...), certaines idées, qu'il n'est pas illogique de considérer comme des forces (les idées sont à proprement parler la force de l'homme) et par conséquent comme des directrices de la vie. Grasset les nomme des idées-lois. Parmi celles-ci, l'idée-loi de l *valeur morale des actes : c'est un fait que les actes ne sauraient nous paraître indifférents, mais que nous les qualifions, en nous et malgré nous, bons ou mauvais. Par le jeu des idées-lois se constitue la morale scientifique,* humaine.

Cette morale connaît des sanctions, comme les morales traditionnelles : sanctions morales (satisfaction, insatisfaction...) ; sanctions légales ; et aussi sanctions biologiques (ces dernières ne s'adressant qu'à la raison). Ce sont les périls biologiques que court l'individu, la société ou l'humanité à ne pas suivre les devoirs biologiques.

Le Dr Grasset des Devoirs *et périls biologiques dresse une liste magistrale. Il ordonne de vivre, non d'une vie reployée, égoïste, qui est paresse et lâcheté (plaisirs naturels et artificiels) et fort restreinte ; — mais d'une plus grande vie qui ajoute à l'humanité, en lui laissant des enfants et des œuvres.*

Après avoir extrait une morale scientifique de la Biologie *humaine, le Dr Grasset pensa que cette dernière lui offrait un point d'appui excellent pour édifier une philosophie scientifique.*

Les tentatives déjà faites de philosophie scientifique avaient échoué, parce que la philosophie, essentiellement humaine, n'avait pu trouver sa matière dans une science évolutionniste, amibocentrique, inhumaine.

L'observation des animaux ne pouvait rien apporter à l'étude de l'idée qui est la force propre de l'homme : c'est elle qu'il faut étudier directement là où on la trouve, dans l'homme. L'idée, c'est le fait psychique humain. C'est le cérébral cortical. On peut l'atteindre, comme toutes les fonctions de la physiologie par la méthode expérimentale, objective et subjective, appliquée à l'individu sain et malade.

Et justement c'est ce qu'avait tenté de faire le Dr Grasset durant toute sa vie médicale, ceci dont il donnait maintenant la formule philosophique. N'étaient-ils pas des chapitres de Biologie humaine avant la lettre, ses premiers essais sur la conscience et la subconscience, sur la liberté et la responsabilité ; et qui tendaient déjà vers une philosophie scientifique ?

De celle-ci le Dr Grasset a laissé une esquisse dans la Revue philosophique (février et mars 1917). On peut l'appeler un idéalisme, dans le sens que la doctrine admet la prééminence de l'Idée dans l'être humain et en fait son sujet d'étude ; et on peut l'appeler aussi un positivisme, quant à la méthode positive qu'elle utilise (enrichie de l'introspection il est vrai). C'est après avoir ainsi délimité la signification des mots qu'il emploie, et ayant bien fait remarquer qu'il se tient à égale distance des mysticismes idéalistes et positivistes, que l'auteur intitule la philosophie qu'il propose : l'Idéalisme positif.

Nous saisissons ici le caractère essentiel de l'esprit du Dr Grasset : la conjonction en lui d'un sens rigoureux des réalités (entretenu par la constante pratique médicale) et d'un goût naturel pour les hauteurs morales. Toute sa vie intellectuelle fut une équilibration harmonieuse entre ces deux tendances.

⁂

Le 7 juillet 1918, voici trois mois passés, la mort interrompit ce labeur émouvant. Une longue maladie, en martyrisant le corps, n'avait pas entamé la volonté

Nous possédons l'œuvre de la souffrance. D'abord un petit livre, écrit pour le grand public, et qui pose brièvement et clairement le problème à résoudre : les rapports entre la science et la Philosophie (1). Le premier exemplaire devait sortir des presses pendant la brève agonie du Dr Grasset. Il avait, d'autre part, commencé de développer l'esquisse de la Revue Philosophique *sur l'Idéalisme positif. Puis, le travail assez avancé, il l'avait mis en tiroir pour maturation et avait entrepris le volume que l'on publie ici, quoiqu'inachevé, et qui a été recueilli sur la petite table qu'il faisait pousser contre son fauteuil (la première page est datée : 26 janvier 1918).*

Dans son esprit, je l'imagine, le décapage progressif, le dépouillement des reliefs du problème auquel il s'appliquait, avait abouti à ceci : que la construction de la doctrine de l'Idéalisme positif sur les bases de la Biologie humaine nécessitait d'abord la délimitation rigoureuse de la doctrine du transformisme intégral. Si, dans le monde, du grain de poussière au psychisme humain, tout se forme dans une série continue, par simple voie de complication, sans qu'aucune force nouvelle ne s'ajoute en chemin ; et qu'on identifie ensuite les termes extrêmes de la série, c'en est fait du psychisme de l'homme. L'Humanisme, en employant ce mot dans un sens plus étymologique qu'usuel, sombre dans le Grand Tout, jusqu'à s'y dissoudre : c'est le dernier terme de la Tentation de Flaubert. *Le terme vertigineux où l'on retrouve Le Dantec poussant le cri déchirant qui est dans un de ses livres : « L'on s'aperçoit*

_____

(1) *Science et Philosophie*, Bibl. int. de critique, La Renaissance du Livre, 1918.

un jour, qu'on est seul dans des régions où la raison, dépourvue de tout appui, risque de sombrer... Notre victoire nous effraie ».

Il faut donc dès l'abord sauver l'Humanisme de la désagrégation. C'est ce qu'essaie de faire le livre actuel en étudiant la question du Transformisme, froidement, sans lyrisme. Il est animé du même esprit que le premier livre philosophique de l'auteur : les Limites ; mais traite plus rigoureusement une seule des bases du problème et qui, justement, est essentielle.

Le Dr Grasset trace un historique attentif de la doctrine transformiste. Il suit, anneau par anneau, à mesure qu'elle se forge dans l'esprit des théoriciens, avec des faits et des hypothèses entremêlés, la chaîne idéale des choses et des êtres. Les faits acquis, augmentés de leur interprétation directe et légitime, il les dissocie des généralisations par trop hypothétiques. Les faits appartiennent aux naturalistes : il ne se reconnaît pas la compétence de les juger ; mais les généralisations sont de la philosophie et lui appartiennent comme à tous les hommes de bonne volonté : il les critique. Et il découvre alors des hiatus aux points essentiels de la chaîne idéale, si bien qu'elle est brisée en morceaux. Le Transformisme n'est plus un dogme intangible, ainsi que l'eût voulu Le Dantec. Et l'œuvre idéaliste pourra se poursuivre.

Nous publions ce qui du Dogme transformiste était composé le 7 juillet : les cinq premiers chapitres complets et le sixième presqu'achevé. On voudra bien se rappeler qu'ils furent écrits d'une plume courante, au cours des lectures et réflexions et que l'auteur n'eut pas le loisir de les relire. Tel qu'il est, il a paru que ce résumé chronologique et critique de la grande doctrine *du Transformisme contenait encore une assez riche et instructive matière et qu'on n'avait pas le droit de garder inconnues les pages dernières d'une plume que la Mort seule a pu faire tomber.*

Restaient à écrire la fin du sixième chapitre et les chapitres VII et VIII, qui sont la conclusion. Mais la table des matières, imprimée en tête du volume, en donne le principe et nous en connaissons la matière, puisque le Dogme remontait aux sources d'une philosophie et que, celle-ci, nous venons de l'esquisser. C'était même le but de cette notice préliminaire.

Ainsi excusera-t-on peut-être cette course parmi les 488 publications (essais, rapports, discours...) d'un maître qui avait le génie de comprendre, puis d'exposer avec clarté ses idées mises en ordre; auquel il n'a manqué qu'un peu de paresse pour apporter quelque complaisance voluptueuse dans un style qu'il avait par nature expressif et limpide; et que certains eussent reconnu meilleur philosophe, s'il s'était permis par endroits quelques obscurités.

Une course parmi ses œuvres médicales et paramédicales... On n'a tâché, ici, qu'à indiquer le mouvement de ses idées. On n'a fait de celles-ci qu'un étiquetage, sans prétendre à les discuter: chacun le peut faire en lisant les livres cités.

Mais il n'a rien été dit de l'œuvre la meilleure du Dr Grasset: sa vie; — toute de bonté agissante et de souriant courage.

P. G.

Aux Armées, octobre 1918.

TABLE DES MATIÈRES

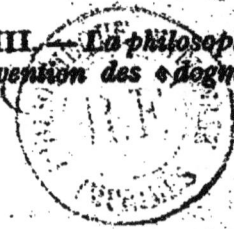

Le Dogme transformiste

INTRODUCTION

Objet de ce livre : les « dogmes » transformiste et moniste ne sont pas applicables à l'étude philosophique de l'homme actuel, espèce fixée depuis un grand nombre de siècles et distinguée de tous les autres êtres vivants par des caractères spécifiques certains.

Il semble que l'humanité ne puisse pas se passer de *dogmes*.

Le sentiment religieux, dont de Quatrefages et d'autres font un des caractères spécifiques du « règne humain », est tellement tenace et universel que, quand une époque veut s'émanciper des vieux dogmes religieux révélés, au lieu de les supprimer, elle cherche à les remplacer et elle en demande de nouveaux et de plus jeunes aux autres modes de connaissance dans lesquels elle a, à ce moment, plus de confiance.

Le XIXᵉ siècle n'a pas échappé à cette loi et en a au contraire donné une nouvelle démonstration. Les magnifiques progrès de la science ont amené une puissante poussée irreligieuse et antireligieuse ; mais en même temps on s'est efforcé d'imposer à l'humanité,

ainsi émancipée, des «dogmes scientifiques » destinés
à remplacer ceux que l'on avait renversés

Le 24 mai 1825, Jouffroy expose «comment les
dogmes finissent » et, l'année suivante, Auguste
Comte commence son cours de philosophie positive
dans lequel il s'efforce de démontrer que l'état théologique a décidément et définitivement disparu et
qu'avec son successeur l'état métaphysique cède la
place à l'état scientifique ou positif. Son cours, bientôt interrompu par une crise d'aliénation mentale,
est repris en 1829 ; ses livres paraissent de 1839 à
1856... C'est la période de ruine des dogmes religieux.

Mais, dès 1845, Auguste Comte édicte les nouveaux
dogmes qui doivent remplacer ceux qu'il a détruits : il
essaie de tirer de sa philosophie une religion de
l'humanité dont il est le grand prêtre... Il faut reconnaître que cette tentative, qui rappelait un peu trop
ses séjours dans les asiles d'aliénés, n'eut pas grand
succès.

Cependant en 1856 un neveu de Benjamin Constant publie à la Haye un livre que Louis Büchner a
fait connaître et qui portait ce titre : « Court aperçu
de la *religion positive* ou *religion de l'humanité*, la plus
religieuse et la plus sociale de toutes les religions, la
seule susceptible de devenir générale et qui par conséquent deviendra un jour systématisée ou fondée
par Auguste Comte. » Trois ans après (un an après
la mort de Comte), en 1859, paraît le livre de Darwin qui lance avec un retentissement et un succès
énormes le dogme du transformisme, bientôt suivi
du dogme du monisme et du dogme de l'évolutionnisme universels qui en sont les corollaires.

La déchéance et la disparition définitives de la religion sont proclamées en même temps que l'avènement de la nouvelle religion ; et c'est au nom de la science positive et expérimentale, c'est-à-dire au nom de l'autorité dont personne n'oserait contester ou discuter la valeur, que l'on impose ces dogmes nouveaux à toute l'humanité, à la philosophie tout entière.

Ces nouveaux dogmes ne se présentent pas avec le caractère de superficialité inopérante que Fritz Müller reconnaissait aux dogmes scientifiques en général, quand il disait en 1864 : « De même qu'il y a dans tous les pays chrétiens une morale officielle de catéchisme que chacun professe, mais que personne ne se croit obligé de suivre ni s'attend à voir suivre par les autres, de même il y a aussi en zoologie des dogmes qu'on professe tout aussi généralement en théorie que l'on les renie en pratique ».

Cette manière de voir ne s'applique pas au dogme transformiste, puisque celui-ci a eu une influence pratique énorme, qui n'a pas cessé, non seulement en histoire naturelle — où l'on comprend très bien son utilité et son importance — mais dans toute la philosophie humaine, où son influence bienfaisante est beaucoup plus discutable.

Comme l'a très bien rappelé Carl Vogt, dans un article de la *Revue scientifique* sur les dogmes scientifiques, qui relate l'opinion de Fritz Müller, « un auteur moderne a dit avec raison : au début de la science c'était le créateur qui dictait les lois ; plus tard ce rôle de législateur a passé à la nature, et maintenant ce sont messieurs les naturalistes qui se chargent de cette besogne d'une manière exubérante ».

Il ne faudrait pas croire que c'est pour mieux combattre cette invasion de la philosophie par le transformisme que j'emploie ironiquement cette expression de « dogme » transformiste, association d'un terme scientifique à un autre qui ne l'est pas.

Le terme a été employé par un biologiste des plus éminents, grand défenseur du transformisme, dont nous verrons qu'il a poussé les déductions en philosophie jusqu'à l'extrême limite de la logique. Le Dantec, qui a donné ce titre : «le dogme transformiste» à un chapitre de son livre *Science et conscience*, qui commence ainsi : « De ce que les documents paléontologiques sont très imparfaits, de ce que certains savants hardis ont eu le tort de tirer de ces documents imparfaits des arbres généalogiques dans lesquels il est aisé de découvrir des erreurs, des philosophes timorés ont cru pouvoir conclure à la faillite du transformisme. C'est là une erreur regrettable... Toutes les généalogies proposées pourront s'effondrer, sans que le *dogme* transformiste ne soit atteint. Et le dogme a une *valeur religieuse* incontestable... »

Il en est de même du monisme dont nous verrons qu'il est un dérivé tout naturel et une nouvelle expression du transformisme et de l'évolutionnisme universels. Les trois grands ouvrages de Haeckel, dit Edmond Perrier dans *le Transformisme*, constituent «tout un système de philosophie naturelle pour lequel Haeckel lui-même réclame le nom de monisme... Le monisme n'est pas seulement un système de philosophie, c'est presque une *religion*...

C'est l'invasion — qui a admirablement réussi — de la philosophie tout entière par les dogmes transformiste et moniste que je voudrais étudier et apprécier dans ce livre

Je crois — et je voudrais montrer — que les effets de cette invasion ont été désastreux pour la philosophie, du moins pour cette philosophie, très rationnelle et très étudiée aujourd'hui, qui veut s'appuyer sur la science positive et expérimentale.

Après avoir soigneusement et loyalement exposé, dans les premiers chapitres, les grandes lignes du transformisme, du monisme et de l'évolutionnisme, je crois pouvoir démontrer scientifiquement que les dogmes transformiste et moniste ne sont pas applicables à l'étude philosophique de l'homme actuel, d'abord parce que l'homme est une espèce fixée depuis un grand nombre de siècles, — voilà pour le transformisme, — ensuite parce que l'espèce humaine est distinguée de tous les autres êtres vivants par des caractères spécifiques certains, — voilà pour le monisme.

Les faits bien établis par les transformistes ont certainement obligé les naturalistes à modifier l'antique notion d'espèce vivante, mais n'ont nullement supprimé cette notion. Ils ont éclairé le grave problème de l'origine des espèces, tout au moins d'un certain nombre d'entre elles ; mais ils n'ont jeté aucune clarté sur le passage du règne minéral aux règnes vivants, sur l'hiatus qui sépare les corps inanimés des êtres vivants. Dans la science de l'homme ils ne peuvent être utilisés que pour l'étude de la période préhumaine de l'histoire de l'humanité, pour l'étude de la question des *origines de l'homme*. Qu'était l'homme avant d'être homme? A-t-il existé et sous quelle forme l'homme a-t-il existé dans cette *période préhumaine*? Voilà la question pour laquelle le transformisme est très utile, la question qu'étudient l'anthropologie, la paléontologie, l'anatomie comparée...

Mais tous ces faits nouveaux sur la variabilité des espèces végétales ou animales et sur les transformations d'une espèce dans une espèce voisine n'ont jeté et ne peuvent jeter aucune clarté sur les phénomènes humains proprement dits : phénomènes psychiques, logiques, moraux et sociaux. En somme, la discussion des faits et des hypothèses transformistes est absolument inutile à la science de l'homme, tel qu'il est depuis plus de dix mille ans.

Pour la philosophie scientifique, c'est-à-dire pour la philosophie basée sur la science positive, toutes ces questions soulevées par le transformisme sont donc inutiles. Pour édifier une psychologie, une logique, une morale et une sociologie humaines, qu'importe ce qui se passait sur la terre avant que l'homme y apparût? Ce sont des sciences exclusivement humaines qui ne peuvent être édifiées que sur des documents humains.

J'essaierai d'aller plus loin et de montrer que non seulement l'introduction du dogme transformiste en philosophie n'est pas nécessaire, mais qu'encore cette introduction est néfaste à cette philosophie, destructrice de toute philosophie.

Nous verrons que l'édification d'une philosophie basée sur une science transformiste et moniste voulant appliquer aux rapports entre hommes la loi darwinienne de la concurrence vitale et généraliser à tous les hommes les lois uniques de tout l'univers, aboutit en fait, pour régir l'humanité, à la loi d'égoïsme universel, de lutte et de bataille continuelles entre hommes, de règne du plus fort, de négation du droit, de la liberté et de la responsabilité... tous principes contradictoires à une morale et à une sociologie quelconques.

Je désire faire bien comprendre dès ces premières pages que ce livre n'est pas un essai de discussion et de réfutation du transformisme. Non seulement je ne discuterai pas les faits observés — ce serait de la pure folie, — mais je ne discuterai même pas les hypothèses et les déductions sur l'origine des espèces et même sur l'origine première de l'homme.

Je discuterai seulement — et la tâche reste encore difficile et considérable — la généralisation que l'on a voulu faire du dogme transformiste à l'histoire entière de l'homme actuel, espèce fixée, et à l'étude philosophique de cet homme.

D'un mot, ceci n'est pas un livre d'histoire naturelle, mais un livre de philosophie scientifique.

Les observations faites par Darwin et son école et les travaux qu'elles ont suscités ultérieurement restent une conquête très importante et définitive en botanique, en zoologie, en biologie générale, en paléontologie, en anthropologie. Mais elles restent en dehors de la science sur laquelle on peut espérer construire une philosophie rationnelle et scientifique, de la science de l'homme espèce fixée et caractérisée depuis un grand nombre de siècles, de la biologie humaine...

Ce n'est pas la première fois que je rencontre le sujet. On retrouvera ici plusieurs des idées indiquées ou même développées dans plusieurs de mes livres depuis *les limites de la biologie* jusqu'aux trois derniers (1). Même dans le dernier un paragraphe entier du chapitre premier porte le titre « Le dogme transformiste et moniste et la philosophie ».

Le sujet m'a paru cependant assez important et la thèse que je soutiens heurte assez nettement l'opinion générale — peut-être universelle — pour que j'aie pensé possible — et même utile — de lui consacrer un livre tout entier, ne fût-ce que pour établir bien complètement d'abord les doctrines transformiste, moniste et évolutionniste dans toute leur ampleur.

C'est ce que je vais faire dans la première partie.

(1) *La biologie humaine*, Bibl. de philos. scientif., 1917 ; *Devoirs et périls biologiques*, Bibl. de philos. contempor., 1917 ; *La science et la philosophie*, Bibl. internat. de critique, 1918.

PREMIÈRE PARTIE

La philosophie
basée sur la science transformiste
et moniste.

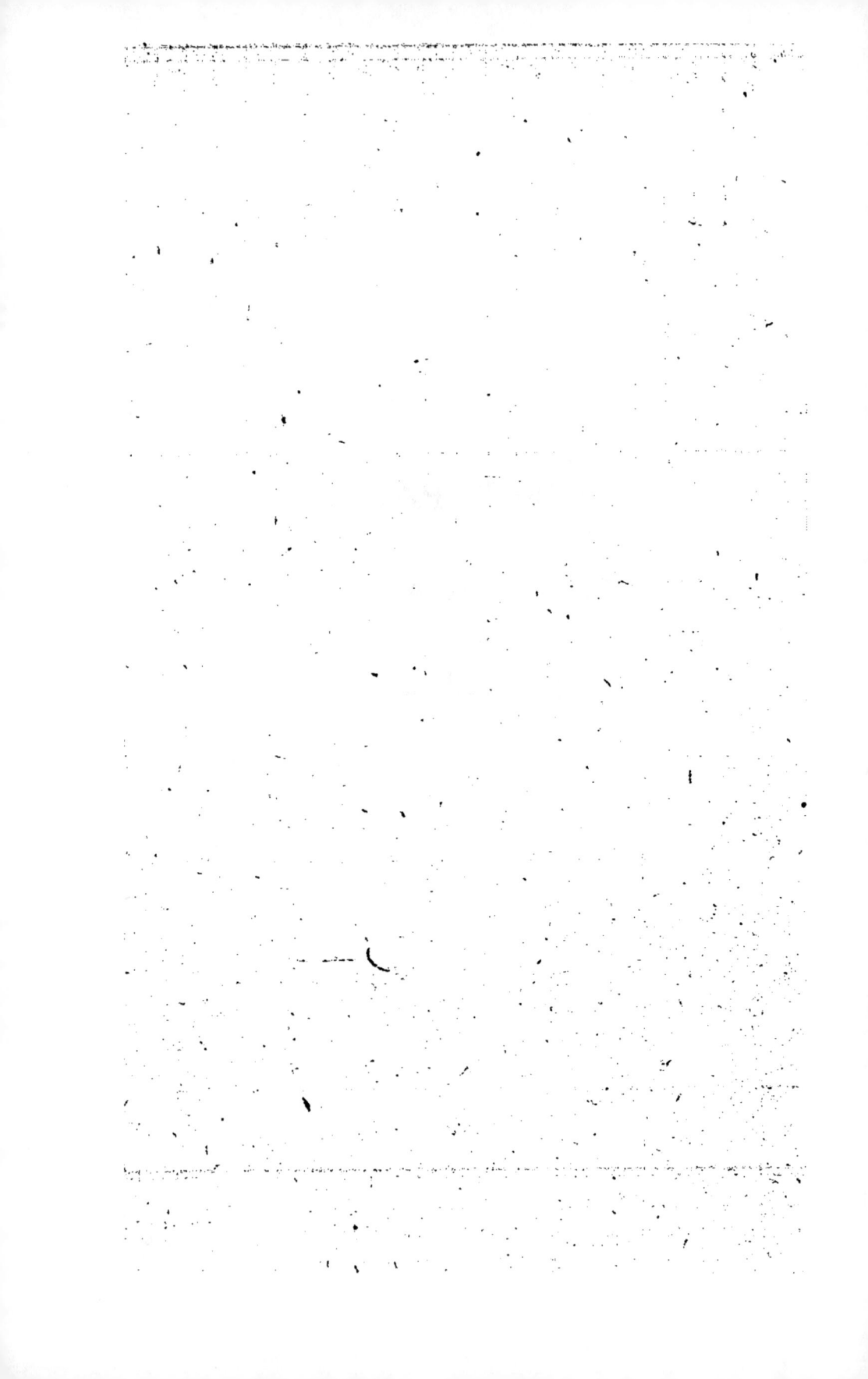

CHAPITRE PREMIER

LE TRANSFORMISME

I. — AVANT DARWIN.

Les naturalistes de tous les temps s'étaient préoccupés de la grosse question de la fixité ou de la variabilité des espèces vivantes.

Edmond Perrier, dans un livre déjà cité, mentionne les philosophes grecs transformistes de l'école ionienne: pour Anaximandre (611 à 526 avant Jésus-Christ), disciple de Thalès de Milet, tous les animaux étaient sortis du limon primitif, d'abord les poissons ; puis sur terre ils avaient subi une série de transformations, d'où était sorti l'homme.

Dans Lucrèce apparaît « la conception de la concurrence vitale et de ses conséquences au point de vue de la sélection naturelle ».

La génération spontanée, c'est-à-dire le passage du monde inorganique au monde vivant, est admise pendant toute l'antiquité et pendant le moyen âge.

La période scientifique sur la notion d'espèce commence avec Linné (1707-1778).

« Linné, dit encore Edmond Perrier dans un autre ouvrage (*la Philosophie zoologique avant Darwin*), a surtout cédé au besoin de donner une forme saisissante à la notion de l'espèce, encore vague pour le plus grand nombre de ses lecteurs. »

Après avoir séparé les trois règnes (*mineralia crescunt, vegetalia crescunt et vivunt, animalia crescunt, vivunt et sentiunt*), Linné ne se contente pas de dire, pour préciser la notion d'espèce : « nous comptons autant d'espèces qu'il est sorti de couples des mains du Créateur » ; il ajoute : « tous les animaux de même espèce que nous observons aujourd'hui sont descendus de ces couples auxquels les relie une série ininterrompue de générations ». On arrive ainsi à voir que, pour fixer les limites des espèces, il faut recourir, non à des caractères extérieurs (Klein), pas même à des caractères anatomiques (Linné), « mais à un caractère exclusivement physiologique, le caractère même que le bon sens populaire, bien plus que son observation personnelle, avait dicté à Aristote : la fécondité ou l'infécondité des unions entre les individus dont l'identité spécifique était douteuse »

Après Linné, Charles Bonnet (1720-1793), « fervent disciple de Leibnitz », proclame la *loi de continuité* depuis les êtres bruts inorganisés jusqu'aux êtres organisés et inanimés, aux êtres organisés et animés, enfin aux êtres organisés, animés et raisonnables, — depuis le feu jusqu'à l'homme.

Je ne parle pas de Buffon (1707-1788) avec lequel cependant « s'ouvre pour la philosophie zoologique une ère nouvelle »

Le docteur Erasme Darwin (1731-1802), grand-père

de Charles, dit : «Le *but* de ces batailles entre les mâles paraît être d'assurer la conservation de l'espèce par le moyen des individus les plus forts et les plus actifs»; on remarquera qu'il dit *but*, tandis que son petit-fils dira *conséquence*.

Le vrai précurseur de Charles Darwin est le Français Lamarck (1744-1829).

Il étudie surtout les organismes simples, admet la génération spontanée à l'origine. D'après lui, les «besoins persistants» des êtres déterminent «la répétition incessante de certains actes, la production de certaines habitudes», qui deviennent, « à leur tour, des causes nouvelles de modifications», tout organe, dont l'animal fait un fréquent usage, un usage habituel, se développant et se perfectionnant, —c'est la première loi de Lamarck. Mais comment des organes nouveaux peuvent-ils naître et se constituer de toutes pièces? « Ici, dit Edmond Perrier, Lamarck dépasse la hardiesse permise à l'hypothèse, lorsqu'il suppose que le seul fait du besoin d'un organe peut en déterminer l'apparition chez un animal», mais la première loi de Lamarck, énoncée plus haut, reste vraie, ainsi que cette seconde (très importante) : tout ce que la nature a fait acquérir ou perdre aux individus sous l'influence des circonstances où leur race se trouve depuis longtemps exposée, et par conséquent par l'influence de l'emploi prédominant de tel organe ou par celle d'un défaut constant d'usage de telle partie, elle le conserve par la génération aux nouveaux individus qui en proviennent, pourvu que les changements acquis soient communs aux deux sexes ou à ceux qui ont produit les nouveaux individus. —

Cette loi — *de l'hérédité des caractères* — « est demeu-
rée la clef de voûte de l'édifice de Darwin ».

Lamarck n'admet pas que les espèces s'éteignent ;
« il suppose qu'elles se transforment toutes ». « La
nature n'a réellement formé ni classes, ni ordres, ni
familles, ni genres, ni espèces constantes, mais seulement des individus qui se succèdent les uns aux autres
et qui ressemblent à ceux qui les ont produits. Ceux
de ces individus qui se ressemblent le plus et qui se
conservent dans le même état, de génération en génération, depuis qu'on les connaît, constituent des
espèces. »

Il admet la série et l'échelle des êtres, mais avec
un « hiatus profond entre les corps bruts et les corps
organisés » et un « semblable hiatus entre les animaux
et les plantes ».

Il admet d'ailleurs un « plan assigné d'avance
par le sublime auteur de toutes choses... Partout et
toujours, dit-il, la volonté du suprême auteur de la
nature et de tout ce qui existe est invariablement
exécutée »

Il ne comprend pas l'homme dans son arbre généalogique. « Si l'homme, dit-il, n'était distingué des animaux que relativement à son organisation, il serait
aisé de montrer que les caractères d'organisation dont
on se sert pour en former, avec ses variétés, une
famille à part, sont tous les produits d'anciens
changements dans ses actions et des habitudes qu'il
a prises et qui sont devenues particulières aux individus de son espèce... Telles seraient les réflexions que
l'on ourrait faire si l'homme, considéré ici comme la
race prééminente en question, n'était distingué des

animaux que par les caractères de son organisation et *si son origine n'était pas différente de la leur...* » «L'opinion de Lamarck, conclut Edmond Perrier, peut se résumer ainsi : naturaliste, Lamarck n'hésite pas à considérer l'homme comme un singe modifié : philosophe et psychologue, il voit entre l'homme et les animaux un abîme et l'homme lui apparaît dès lors comme une émanation directe du Créateur. »

Les « idées neuves et fécondes » de Lamarck « furent bientôt ensevelies sous des sarcasmes auxquels on regrette que Cuvier lui-même se soit associé. Elles devaient dormir un demi-siècle avant de s'offrir de nouveau aux méditations des savants ».

Aujourd'hui toute l'Ecole biologique contemporaine rend pleine justice à Lamarck. Non seulement, dit Le Dantec, Lamarck a lancé dans la science l'idée transformiste, mais encore a trouvé la véritable nature des facteurs de la transformation des espèces : influence des conditions de milieu, loi de l'habitude et de la désuétude, loi de l'hérédité des caractères acquis. «Darwin a accaparé toute la gloire du transformisme... Lamarck doit être placé au premier rang parmi les hommes qui ont honoré la science et l'humanité ».

A ce moment, l'opposition et la querelle sont établies entre deux opinions : fixité des formes spécifiques (Linné), instabilité des espèces (Buffon et surtout Lamarck). Cette opposition se retrouve dans les idées de Cuvier et d'Étienne Geoffroy-Saint-Hilaire.

D'après ce dernier (1772-1844), il y a unité de plan de composition des animaux. La chaîne universelle de Bonnet « est une chimère », dit-il. Il complète la loi de l'unité de plan de composition par la théorie des organes analogues. Pour lui, l'organe est indépendant de la fonction et « la notion du plan de structure, la notion *morphologique*, comme on dirait aujourd'hui, est supérieure à la notion *physiologique*. » — « Une voie féconde, continue Edmond Perrier, est ouverte désormais à l'anatomie, à qui Geoffroy Saint-Hilaire ne tarde pas à donner comme auxiliaire l'embryogénie.

« Bonnet, Erasme Darwin, Diderot avaient pressenti une sorte de parallélisme entre le développement embryogénique des animaux et les modifications successives des espèces ; la comparaison de Geoffroy entre les animaux inférieurs et les embryons des animaux supérieurs détermine d'une façon précise l'interprétation que l'on peut donner de ce parallélisme, sur lequel insistèrent bientôt Serres et Henri Milne-Edwards ; et c'est, en définitive, la même idée qu'ont exprimée Fritz Müller et les embryogénistes partisans de la doctrine de la descendance, en disant : les formes successives que présente un animal durant son développement embryogénique ne sont que la répétition abrégée de formes traversées par son espèce pour arriver à son état actuel ».

Contrairement à Lamarck, Geoffroy Saint-Hilaire admet que l'organisme est passif dans son milieu et « voit dans les modifications successives des êtres vivants l'effet de l'action directe des milieux » il admet la disparition naturelle des espèces « lorsque leur organisation n'est plus en rapport avec le milieu dans lequel elles doivent vivre ou qu'elles ont subi des modifications vicieuses... Il attribue cette disparition à une véritable sélection naturelle » qui est « l'œuvre du milieu lui-même ». — Edmond Perrier

voit et montre une « intime parenté intellectuelle »
entre Buffon d'un côté, Lamarck et Geoffroy Saint-
Hilaire de l'autre.

Cuvier (1769-1832) soutient une « opinion exactement opposée » : « Notre globe a été le théâtre de
révolutions nombreuses, d'épouvantables cataclys-
mes, qui en ont à plusieurs reprises bouleversé la
surface... La vie a donc souvent été troublée sur
cette terre, par des événements effroyables... Les
phénomènes dont notre terre est actuellement le
théâtre ne sauraient expliquer ces terribles événements. » C'est l'opposé de la théorie des changements
lents admise par Lamarck et Geoffroy Saint-Hilaire.
« Chaque révolution fait disparaître un grand nombre
d'espèces ».

Les espèces « sont pour lui immuables depuis leur
création »; cette fixité de l'espèce, il ne l'admet d'ailleurs certaine que chez les animaux supérieurs : « elle
pourrait bien ne pas l'être chez les animaux à sang
blanc ».

La lutte avec Geoffroy Saint-Hilaire commence en
1830 devant l'Académie des sciences, puis au Collège
de France jusqu'à la mort de Cuvier (13 mai 1832).

Sans pouvoir insister ici, je renvoie pour les opinions de Gœthe, Kielmeyer, Dugis (de Montpellier),
Louis Agassiz, les philosophes de la nature..., au livre
d'Edmond Perrier qui résume l'état de l'opinion
scientifique au moment de l'avènement de Darwin.

« Ce que montre l'observation de tous les jours,
c'est que les êtres vivants se perpétuent sous un certain nombre de formes qui sont toujours les mêmes
et qui n'ont subi, depuis que nous sommes en état

2

de les observer, que des modifications peu importantes.
Ces formes sont ce que nous appelons les espèces...
Les animaux et végétaux d'espèce différente sont
incapables en se mêlant de produire des formes
intermédiaires stables et permanentes, soit parce
que les croisements sont inféconds, soit parce que les
hybrides sont stériles. »

Mais la barrière entre les espèces est « loin d'être
toujours également solide ». Entre animaux du même
genre ou de genres voisins, les hybrides présentent tous
les degrés de fécondité. Il y a de nombreuses hybrida-
tions fécondes chez les végétaux. « Les expériences
sur l'hybridation, loin de démontrer la fixité des
espèces, fournissent donc des arguments en faveur
de la formation graduelle des espèces par suite d'une
modification des espèces préexistantes. »

« L'homme est lui-même considéré comme consti-
tuant une espèce unique, profondément séparée du
règne animal tout entier et méritant de constituer à
elle seule un règne particulier dominant les trois autres,
le *règne moral* (de Barbençois, 1816), *règne hominal*,
Fabre d'Olivet, 1822) ou *règne humain*. »

A l'heure où l'œuvre de Charles Darwin va surgir,
Isidore Geoffroy Saint-Hilaire conclut à la « variabilité limitée de l'espèce », l'espèce étant passive
et les modifications ne provenant que des influences
de milieu...

2. — CHARLES DARWIN : L'ORIGINE DES ESPÈCES

Né en 1809, Darwin était déjà un naturaliste très
connu et apprécié pour ses observations scientifiques.

Vers 1835 à 1837, au cours de ses voyages et de ses
études, il avait commencé à penser à l'origine des
espèces, ce mystère des mystères, comme dit de
Humboldt ; en 1844, il formule par écrit sa théorie,
sans la publier. En 1858, Alfred Russell Wallace trouve
et formule la théorie de la sélection et l'adresse à
Darwin pour être présentée à Lyell et publiée (paraît
en août 1858). C'est alors que, en 1859, voyant cette
publication de Wallace, Darwin se décide à publier le
grand ouvrage qui fut rapidement lu et commenté
dans le monde entier sur *l'Origine des espèces ou les
Lois du progrès chez les êtres organisés.*

Il étudie d'abord, de près et avec des faits très
précis, les variations des espèces à l'état domestique
(plantes et animaux). Les variétés et sous-variétés
de ces espèces diffèrent plus les unes des autres que
les espèces ou variétés sauvages. Ces variations continuent pendant plusieurs générations. D'où la difficulté de distinguer entre les variétés et les espèces.

Puis il passe aux variations des espèces à l'état de
nature.

« Ce sont les espèces les plus florissantes, c'est-à-
dire dominantes, des plus grands genres dans chaque
classe qui, en moyenne, varient le plus ; et leurs variétés tendent à se conserver en espèces nouvelles et
distinctes. Les plus grands genres ont aussi une tendance à devenir plus grands encore. Et dans toute
la nature les formes vivantes, maintenant dominantes, manifestent une tendance à le devenir de
plus en plus, en laissant beaucoup de descendants
dominateurs modifiés. Mais, par suite des phases
successives de ce mouvement d'accroissement les plus

grands genres tendent aussi à se briser en des genres moindres. De sorte que les formes vivantes à travers le monde entier se divisent par degrés en groupes subordonnés à d'autres groupes. »

Les transformations d'espèces, production de variétés, différenciation de genres... résultent de la *concurrence vitale*, « combat perpétuel que tous les êtres vivants se livrent entre eux pour leurs moyens d'existence ». Toute variation heureuse, avantageuse à l'individu, favorise ses relations complexes avec les autres êtres organisés ou inorganiques, tend à la conservation de cet individu et le plus généralement se transmet à sa postérité. Les chances de survivance sont accrues. Un petit nombre seulement peut survivre.

C'est l'*election naturelle*, principe en vertu duquel se conserve ainsi chaque variation légère, à condition qu'elle soit utile.

Cette concurrence vitale résulte inévitablement de la progression rapide selon laquelle les espèces se multiplient : loi de Malthus (progression géométrique) appliquée au règne organique tout entier. Il naît un nombre d'individus supérieur à celui qui peut vivre ; il doit donc exister une concurrence sérieuse soit entre les individus de la même espèce, soit entre les individus d'espèces distinctes, soit une lutte contre les conditions physiques de la vie. — De toutes ces propositions, Darwin donne de nombreuses preuves expérimentales.

Il étudie ensuite les effets du climat, du nombre des individus, du voisinage plus ou moins grand des espèces ou variétés... reconnaît qu'on ne peut émettre que des hypothèses sur la question de savoir si la quantité de variation possible dans une espèce est limitée ou indéfinie...

L'*élection sexuelle* est le résultat de la lutte qui a lieu entre les mâles pour la possession des femelles : différences de conformation, de couleur ou de parure entre les males et les femelles d'une même espèce.

L'élection naturelle agit toujours avec une extrême lenteur, souvent à de longs intervalles et sur un très petit nombre des habitants d'une même région à la fois. — Le nombre des espèces ne s'accroît pas indéfiniment ; certaines disparaissent. « Les variétés sont des espèces en voie de formation ou des espèces naissantes... »

L'élection naturelle « a pour résultat final que toute forme vivante doit devenir de mieux en mieux adaptée à ses conditions d'existence. Or, ce perfectionnement continuel des individus organisés doit inévitablement conduire au progrès général de l'organisme, parmi la majorité des êtres vivants répandus à la surface de la terre ».

Darwin aborde ensuite et discute une série de questions qui peuvent être le point de départ d'*objections*.

1. Comment existe-t-il encore sur toute la surface du globe une multitude de formes *inférieures* et dans chaque classe certaines formes beaucoup plus élevées que d'autres? (En passant, il émet cette grave assertion que l'élection naturelle n'implique aucune loi nécessaire et universelle de développement et de progrès ; si certaines espèces inférieures n'ont aucun avantage à progresser, elles persistent, fixées

pendant une suite indéfinie d'époques géologiques ;
et cette autre relative à la génération spontanée :
« J'ai à peine besoin de dire ici que la science dans
son état actuel n'admet pas en général que des êtres
vivants s'élaborent encore de nos jours au sein de la
matière organique »

2. Si toutes les espèces descendent d'autres espèces
antérieures par des transitions graduelles presque
insensibles, comment se fait-il que nous ne trouvions
pas partout d'innombrables *formes transitoires*?
Comment se fait-il que les espèces soient si bien
définies et que tout ne soit pas confusion dans la
nature?

3. Est-il possible qu'un animal ayant des habitudes données se soit formé par voie de modification
de quelque autre animal ayant des habitudes entièrement différentes? L'élection naturelle peut-elle produire d'un côté des organes de peu d'importance
et d'autre côté des organes d'une structure merveilleuse comme l'œil? Comment un animal carnivore
terrestre peut-il être transformé en animal aquatique
et comment cet animal aurait-il pu vivre dans son
état transitoire?

4. Les instincts peuvent-ils s'acquérir et se modifier
au moyen de l'élection naturelle (l'instinct merveilleux
de l'abeille, par exemple)? Il montre l'influence des
habitudes, le nombre des termes de transition... et
émet, en passant, cette grave proposition : « *Je dois
déclarer d'abord que je ne prétends point rechercher
l'origine première des facultés mentales des êtres vivants
pas plus que l'origine de la vie elle-même* ».

5. Comment pouvons-nous expliquer que les *espèces*

croisées soient stériles ou ne produisent qu'une postérité inféconde, tandis que la fertilité des individus qui proviennent d'un croisement entre *variétés* est augmentée? — Conclut que tous ces faits ne sont « en aucune façon opposés à l'idée qu'il n'existe aucune distinction essentielle et fondamentale entre les espèces et les variétés, mais semblent au contraire lui prêter un nouvel appui.

Darwin aborde ensuite la question *géologique*, montre l'insuffisance des documents géologiques et conclut : « Toutes les lois principales de la paléontologie proclament hautement que les espèces se sont produites successivement par une génération régulière ; et que les formes anciennes ont été supplantées par des formes vivantes nouvelles et plus parfaites, produites en vertu des lois de variation qui continuent d'agir journellement autour de nous et conservées par élection naturelle. »

Puis il étudie la *distribution géographique* des êtres organisés et conclut ainsi ces deux chapitres : « Il ne reste plus de difficulté insurmontable qui empêche d'admettre que tous les individus de la même espèce, en quelque lieu qu'ils vivent actuellement, sont descendus des mêmes parents » — centres uniques de création. — Il y a un parallélisme frappant entre les lois de la vie dans le temps et dans l'espace, « les lois qui gouvernent la succession des formes organiques à travers la série des temps géologiques écoulés étant presque les mêmes que celles qui gouvernent aujourd'hui leur distribution dans les diverses régions du globe. »

Ces mêmes idées doivent désormais présider aux

classifications des naturalistes. « Une classification n'est naturelle qu'autant qu'elle est généalogique ». Le système naturel qu'on essaie de reconstruire, dans la classification, n'est que l'arbre généalogique des formes vivantes et les degrés divers des différences acquises s'expriment par les termes de variétés, espèces, genres, familles, ordres et classes.

Le même principe (de la *descendance modifiée*) rend intelligibles les grands faits de la *morphologie*, « soit que nous considérions le même plan déployé dans les organes homologues des différentes espèces d'une même classe, quelles que soient du reste leurs fonctions, soit que nous le considérions dans les organes homologues d'un même individu animal ou végétal ».

Au point de vue *embryologique*, « d'après le principe que les variations légères et successives ne surviennent pas nécessairement, ou même généralement, pendant les premières phases de la vie et qu'elles sont héritées à un âge correspondant par les descendants de l'individu modifié, on peut expliquer les principaux faits de l'embryologie, c'est-à-dire la ressemblance des parties homologues dans l'embryon, lors même qu'à l'état adulte ces mêmes parties doivent différer considérablemnt dans leur structure et dans leurs fonctions, de même que la ressemblance de l'embryon et de ses parties homologues, chez les différentes espèces d'une classe, bien que les individus adultes et leurs organes homologues soient très différents les uns des autres et adaptés à des habitudes toutes différentes ».

De là, on arrive à la notion des *organes rudimentaires*, aux organes complètement avortés...

Tous ces faits établissent clairement « que *les innombrables espèces, genres et familles d'êtres organisés qui peuplent le monde, sont tous descendus, chacun dans sa propre classe ou groupe, de parents communs et se sont tous modifiés dans la suite des générations* ».

Dans le dernier chapitre, où il récapitule la théorie de la *descendance modifiée par l'élection naturelle*, Darwin se pose la question : jusqu'où la doctrine de la modification des espèces peut-elle s'étendre ? La question est difficile à résoudre. « Je ne puis douter que la théorie de la descendance ne comprenne tous les membres d'une même classe. Je pense que *tout le règne animal est descendu de quatre ou cinq types primitifs tout au plus* et le règne végétal d'un nombre égal ou moindre... L'analogie me conduirait même... à la croyance que tous les animaux et toutes les plantes descendent d'un seul prototype ; mais l'analogie peut être un guide trompeur.

Darwin prévoit, par l'adoption de cette doctrine, une « révolution importante en histoire naturelle ». « On reconnaîtra plus tard que toute l'histoire du monde telle que nous la connaissons aujourd'hui, quoique d'une longueur incalculable pour notre esprit, n'est cependant qu'une fraction insignifiante du cours du temps, en comparaison des âges écoulés depuis que la première création, le progéniteur d'innombrables descendants vivants et détruits, a été créé... Dans un avenir éloigné je vois des champs ouverts devant des recherches bien plus importantes. La psychologie reposera sur une nouvelle base, c'est-à-dire sur l'acquisition nécessairement graduelle de chaque faculté mentale. Une vive lumière éclairera alors l'origine de l'homme et son histoire. »

« Tandis que notre planète a continué de décrire ses cycles perpétuels d'après les lois fixes de la gravitation, d'un si petit commencement, des formes sans nombre, de plus en plus belles, de plus en plus merveilleuses, se sont développées et se développeront par une évolution sans fin. »

3. — CHARLES DARWIN : LA DESCENDANCE DE L'HOMME.

Ces dernières citations du chapitre des « Conclusions » montrent bien que, dès cette époque, Darwin a *vu* l'importance philosophique et généralisatrice de ses travaux et de ses découvertes de naturaliste. Mais *l'Origine des espèces* n'en reste pas moins, presque exclusivement, un livre de science expérimentale et positive pure, contenant beaucoup de faits, basé sur une méthode rigoureusement scientifique et dans lequel la généralisation philosophique, notamment l'*extension à l'homme,* n'occupe à peu près aucune place.

Il n'en est plus de même dans le second grand ouvrage de Darwin *la Descendance de l'homme et la sélection sexuelle* paru douze ans après le premier. Avant cette dernière date (1871) plusieurs auteurs avaient lancé des idées très analogues sur les origines et la descendance de l'homme.

Louis Büchner avait donné *Force et matière* en 1855, *Nature et esprit* en 1859, *Nature et science* en 1862 ; — Herbert Spencer avait publié en 1855 ses

Principes de psychologie, premier volume de son *Système de philosophie synthétique* qui continue en 1860 par ses *Premiers principes* et en 1863 par ses *Principes de biologie* ; — Huxley avait publié *De la place de l'homme dans la nature* en 1863 et *les Principes de la vie* en 1868 ; — enfin Ernest Haeckel avait publié sa *Morphologie générale* en 1866, son *Histoire de la création des êtres organisés* en 1868 et *Origine et généalogie de l'espèce humaine* en 1870...

L'apparition du second grand ouvrage de Darwin ne marque donc pas tant les débuts de la théorie de la descendance de l'homme que l'adhésion à cette doctrine de l'illustre auteur de *l'Origine des espèces*, avec l'appoint des arguments nouveaux que cette adhésion apporte à cette grande et capitale doctrine.

Dans son introduction, Darwin expose que, depuis longtemps, il avait recueilli des notes et conçu des idées neuves sur l'origine et la descendance de l'homme. S'il n'en a pas parlé — ou s'il n'y a fait que de discrètes allusions —dans *l'Origine des espèces*, c'est qu'en en parlant il pensait ne faire qu'augmenter les préventions contre ses opinions. Dans la première édition, il avait dit seulement que cet ouvrage pouvait jeter quelque lumière sur l'origine de l'homme et sur son histoire ; ce qui signifie que l'homme doit être compris avec les autres êtres organisés dans toute conclusion générale relative au mode d'apparition sur la terre. En 1871, il a constaté l'acceptation générale de ses idées par les naturalistes, et alors il publie ses idées sur l'homme.

Bien différent en cela du précédent ouvrage, le présent livre ne renferme presque point de faits ori-

ginaux sur l'histoire naturelle de son objet, c'est-à-
dire de l'homme. D'ailleurs, « cette conclusion que
l'homme est, avec d'autres espèces, le codescendant
de quelque forme ancienne inférieure et éteinte n'est,
en aucune façon, nouvelle. Lamarck avait admis cette
conclusion ; puis Wallace, Huxley, Lyell, Vogt,
Lübbock, Büchner, Rolle et surtout Haeckel ».

Darwin pose d'abord très bien les questions auxquelles il faut répondre pour savoir si la nouvelle
doctrine est ou non applicable à l'homme, pour déci-
der si l'homme est le descendant modifié de quelque
forme prééxistante.

Il faut s'enquérir : 1º si l'homme varie, si peu que ce
soit, dans sa conformation corporelle et dans ses
facultés mentales ; cela étant, 2º si les variations se
transmettent à sa progéniture conformément aux
lois qui prévalent chez les animaux inférieurs, telles
que celles de la transmission des caractères au même
âge ou au même sexe ; 3º si les variations sont sou-
mises aux mêmes lois générales que chez les autres
organismes, telles que corrélation, effets héréditaires
de l'usage et du défaut d'usage, etc. ; 4º si l'homme est
sujet aux mêmes déformations, résultant d'arrêts de
développement, de duplication des parties, etc., et
s'il présente dans ses anomalies quelque retour à un
type antérieur et ancien de conformation ; 5º si
l'homme a donné lieu à des variétés et à des sous-races
ne différant que légèrement les unes des autres ou
à des races assez distinctes pour qu'on doive les classer comme des espèces douteuses (comment ces races
sont-elles distribuées sur la terre et, quand on les
croise, comment réagissent-elles les unes sur les

autres, tant dans la première génération que dans les suivantes) ; 6º si l'homme tend à se multiplier assez rapidement pour qu'il en résulte de vives luttes pour l'existence et par suite la conservation des variations avantageuses de corps et d'esprit et l'élimination de celles qui sont nuisibles...

Après avoir ainsi admirablement tracé le programme de sa démonstration, Darwin ajoute : « La réponse à toutes ces questions, dont la plupart ne méritent pas la discussion, résolues qu'elles sont déjà, doit, comme pour les animaux inférieurs, être évidemment affirmative. »

Je n'insiste pas sur le chapitre consacré aux *analogies morphologiques* (conformation corporelle) de l'homme et des animaux : sur ce point, il n'y a guère de discussion.

Puis l'auteur aborde la grave question de la *comparaison entre les facultés mentales de l'homme et celles des animaux*.

Il n'y a aucun doute, dit-il, que, sous le rapport mental, la différence ne soit immense entre l'homme et tous les autres animaux, même en comparant le sauvage de l'ordre le plus infime au singe le mieux organisé, même à un des singes supérieurs, «amélioré, civilisé, amené par l'éducation à occuper par rapport aux autres singes la position que le chien occupe aujourd'hui par rapport à ses parents primordiaux, le loup et le chacal ».

Mais il n'y a aucune différence *fondamentale* entre le développement mental de l'homme et celui des animaux.

D'autre part, l'intervalle est infiniment plus consi

dérable entre les facultés mentales d'un poisson de l'ordre le plus inférieur (lamproie ou amphioxus) et celles de l'un des singes les plus élevés qu'entre les facultés mentales de celui-ci et celles de l'homme. Cet intervalle est cependant comblé par d'innombrables gradations et termes intermédiaires. De même au point de vue moral et de l'intelligence, les différences énormes entre l'homme barbare et l'homme civilisé sont, toutes, reliées par les gradations « les plus délicates ».

Darwin décrit ces gradations de transition sans chercher « comment les facultés se sont, dans le principe, développées chez les formes inférieures », pas plus qu'il ne cherche l'origine de la vie. « Ce sont là des problèmes réservés à une époque future encore bien éloignée, si toutefois l'homme parvient jamais à les résoudre ».

Il examine et s'efforce de réfuter les arguments de ses adversaires qui admettent une infranchissable barrière entre l'homme et les animaux au point de vue mental : 1º l'homme seul est capable d'amélioration progressive ; 2º seul, il se sert d'outils et de feu ; 3º il réduit les autres animaux à la domesticité, a le sentiment de la propriété, emploie le langage ; aucun autre animal n'a conscience de lui-même, ne se comprend, ne jouit de la faculté de l'abstraction et ne possède des idées générales. L'homme seul a le sentiment du beau, est sujet au caprice, éprouve de la reconnaissance, est sensible au mystère, est doué d'une conscience, croit en Dieu...

A tout cela Darwin répond surtout en décrivant les perfectionnements progressifs de l'instinct dans la série. Notons au passage cette déclaration : « L'ancêtre primitif de l'homme, quel qu'il soit, devait posséder des facultés mentales beaucoup plus développées qu'elles ne le sont chez les singes existant aujourd'hui».

Il proclame que, de toutes les différences qui existent entre l'homme et les animaux, c'est le *sens moral* ou la conscience qui est de beaucorp la plus importante et doit surtout fixer la discussion.

Il admet comme *très probable* qu'un animal quelconque, doué d'instincts sociaux prononcés, acquerrait inévitablement un sens moral ou une conscience aussitôt que des facultés intellectuelles se seraient développées aussi complètement ou presque aussi complètement que chez l'homme. Je me permets d'insister sur cette argumentation de Darwin qui le conduit, avec un point de départ identique, à des conclusions diamétralement opposées à celles que nous verrons Le Dantec développer — avec plus de logique, je crois.

1° Les instincts sociaux poussent l'animal à trouver du plaisir à la vie en société, à la sympathie entre eux, au désir de rendre service aux individus de la même association ; — 2° quand l'intelligence est suffisamment développée, le cerveau est rempli par la notion de ces instincts, par la dissatisfaction si on ne leur obéit pas ; — 3° le langage étant acquis, l'opinion commune sur le mode suivant lequel chaque membre doit concourir au bien public devient naturellement le principal guide d'action, action de l'opinion publique sur la sympathie instinctive ; — 4° l'habitude a une grosse influence pour fortifier ces sentiments et ces actes.

Et il cite les faits de sociabilité, d'affection réciproque chez les animaux (ce n'est plus la loi universelle de la concurrence vitale).

« Pourquoi l'homme sentirait-il qu'il doit obéir à
tel désir instinctif plutôt qu'à tel autre? Pourquoi
regrette-t-il amèrement d'avoir cédé à l'instinct éner-
gique de la conservation et de n'avoir pas risqué sa
vie pour, sauver celle de son semblable, ou pourquoi
regrette-t-il d'avoir volé des aliments, pressé qu'il
était par la faim? » — C'est surtout la réflexion, la
raison, le haut développement de ses facultés mentales qui, aidés et complétés par l'habitude et l'hérédité, font regretter à l'homme tel acte plutôt que tel
autre.

« Le mot impérieux *devoir* ne semble impliquer que
la conscience de l'existence d'un instinct persistant,
inné ou acquis, instinct qui sert de guide à l'homme,
bien que ce dernier puisse lui désobéir. Nous n'em-
ployons pas d'ailleurs le terme *devoir* dans un sens
métaphorique, lorsque nous disons que les chiens
courants doivent chasser à courre, que les chiens
d'arrêt doivent arrêter et que les chiens rapporteurs
doivent rapporter le gibier. S'ils n'agissent pas ainsi,
ils ont tort et manquent à leur devoir. »

Darwin conclut: « Le sens moral est fondamentalement identique avec les instincts sociaux. Dans le cas
des animaux, il serait absurde de dire que ces instincts
proviennent de l'égoïsme ou se sont développés pour
le bonheur de la communauté. Ils se sont toutefois
certainement développés pour le bien général de cette
dernière ». Chez l'homme et chez les animaux, il faut
« prendre comme critérium de la morale le bien géné-

ral ou la prospérité de la communauté, plutôt que le bien général ». — « *Ainsi se trouve écarté le reproche de placer dans le vil principe de l'égoisme les fondements de ce que notre nature a de plus noble.* »

« En somme, on ne peut douter qu'*il existe une immense différence entre l'intelligence de l'homme le plus sauvage et celle de l'animal le plus élevé*... Néanmoins, si considérable qu'elle soit, la différence entre l'esprit de l'homme et celui des animaux les plus élevés n'est certainement qu'*une différence de degré et non d'espèce*». — Les instincts sociaux — principe fondamental de la constitution morale de l'homme — aidés par les puissances intellectuelles actives et les effets de l'habitude, conduisent naturellement à la règle : fais aux hommes ce que tu voudrais qu'ils te fassent à toi-même ; principe sur lequel repose toute la morale. » On ne peut du moins contester que ce développement graduel des diverses facultés morales et mentales de l'homme soit possible, « puisque, tous les jours, nous contemplons cette évolution chez l'enfant, puisqu'enfin nous pouvons établir une gradation parfaite entre les facultés du plus complet idiot, qui sont au-dessous de celles de l'animal, et les facultés d'un Newton. »

« Il n'est pas possible de présenter des preuves directes... qu'une créature d'apparence simienne ait pu se transformer en un homme... Mais si on peut établir que l'homme varie actuellement, que ses variations sont le résultat des mêmes causes et obéissent aux mêmes lois générales que les variations des animaux inférieurs, il ne peut y avoir de doute que

les termes intermédiaires et précédents de la série
aient varié de la même manière. Les variations à
chaque période successive de descendance ont dû
aussi s'accumuler et se fixer de quelque façon ».

« Il est évident que l'homme est actuellement sujet
à une grande variabilité », ajoute Darwin et, sur
l'analyse et l'étude de ces variations, il édifie
son argumentation. Ces variations, observées chez
l'homme actuel, ont dû se produire aussi chez ses
ancêtres ; ce qui, avec un certain degré de surpro-
duction, a conduit l'espèce humaine à la lutte pour
l'existence et à la sélection naturelle...

Darwin pense ainsi démontrer que *l'homme descend d'un type inférieur, quoiqu'on n'ait pas encore,
jusqu'à présent, découvert les chaînons intermédiaires*.
Il combat l'opinion des naturalistes qui veulent un
« règne humain » distinct du règne animal et du
règne végétal. « Si les facultés mentales de l'homme
diffèrent immensément en *degré* de celles des animaux
qui lui sont inférieurs, elles n'en diffèrent pas par
leur *nature* ». Il n'y a aucune raison pour placer
l'homme dans un ordre distinct et un rang de sous-
ordre serait trop inférieur si on considère les facultés
mentales et trop élevé au point de vue généalogique
(d'après lequel l'homme ne devrait représenter
qu'une famille ou même seulement une sous famille).

« Nous devons conclure que nos ancêtres primitifs
auraient à bon droit porté le nom de singes, mais il
ne faudrait pas tomber dans cette erreur de supposer
que l'ancêtre primitif de toute la souche simienne, y
compris l'homme, ait été identique ou même ressem-
blât de près à aucun singe existant. »

Darwin étudie ensuite la patrie et l'antiquité de l'homme, puis les degrés inférieurs de sa généalogie. « En cherchant à retracer la généalogie des mammifères et par conséquent celle de l'homme, l'obscurité devient de plus en plus profonde à mesure que nous descendons dans la série. Quiconque veut se rendre compte de ce que peut *un esprit ingénieux* joint à une science profonde doit consulter les ouvrages du professeur Haeckel » (dont je parlerai au chapitre suivant).

Notons sur le passage du monde inorganique au monde vivant : « l'organisme le plus humble est encore quelque chose de bien supérieur à la poussière inorganique que nous foulons aux pieds »

Darwin étudie ensuite les *races* humaines, leur classification, la valeur et l'origine des différences qui les séparent, leur origine (monogénistes et polygénistes) : « Les naturalistes qui admettent le principe de l'évolution... n'éprouveront aucune hésitation à reconnaître que toutes les races humaines descendent d'une souche primitive unique. »

L'histoire enregistre l'extinction partielle ou complète de beauc.   > de races et de sous-races humaines. C'est principalement le résultat de la concurrence existant entre les tribus et les races, puis de la lutte entre les nations civilisées et les peuples barbares. Quant à la formation des races humaines, les différences caractéristiques des races ne peuvent s'expliquer d'une manière satisfaisante ni par l'action directe des conditions de la vie, ni par les effets de l'usage continu des parties, ni par le principe de la corrélation. On est alors conduit à rechercher si les

différences individuelles légères auxquelles l'homme
est éminemment sujet ne peuvent pas s'être conservées et augmentées, pendant une longue série de
générations, au moyen de la sélection naturelle. Mais
par ce processus les variations avantageuses peuvent
seules se conserver et aucune des différences externes
entre les races humaines ne rend à l'homme aucun
service direct ou spécial...

Darwin étudie enfin longuement la *sélection
sexuelle* : sélection naturelle pour l'avantage général
de l'espèce, déterminant des variations particulières qui
peuvent se fixer (caractères sexuels secondaires, plu-
mage, chant...). Il l'étudie chez les animaux de toute
la série, puis chez l'homme et la femme depuis les
types primitifs... et reconnaît finalement que « les
idées émises ici sur le rôle que la sélection sexuelle a
joué dans l'histoire de l'homme manquent de précision scientifique ». Il ajoute cependant : « de toutes
les causes qui ont déterminé les différences d'aspect
extérieur qui existent entre les races humaines et
jusqu'à un certain point entre l'homme et les animaux qui lui sont inférieurs, la sélection sexuelle a été
la plus active et la plus efficace ».

En tête du dernier chapitre de son livre (*Résumé
général et conclusions*), Darwin déclare qu'il a émis
dans ce livre « beaucoup d'idées d'un ordre spécula-
tif» ; puis il résume ainsi la doctrine développée :
«L'homme descend d'une forme moins parfaitement
organisée que lui. Les bases sur lesquelles repose cette
conclusion sont inébranlables. Car la similitude
étroite qui existe entre l'homme et les animaux infé-

rieurs (à lui) pendant le développement embryonnaire, ainsi que dans d'innombrables points de structure et de constitution, points tantôt importants, tantôt insignifiants ; — les rudiments que l'homme
conserve et les réversions anormales auxquelles il est
accidentellement sujet ; — sont des faits qu'on ne
peut plus contester... Aujourd'hui, éclairés que nous
sommes par nos connaissances sur l'ensemble du
monde organique, on ne peut plus se méprendre sur la
signification (de ces faits). Le grand principe de l'évolution ressort clairement de la comparaison de ces
groupes de faits avec d'autres, tels que les affinités
mutuelles des membres d'un même groupe, leur
distribution géographique dans les temps passés et
présents et leur succession géologique. »

« Tout mène de la manière la plus claire à la
conclusion que l'homme descend, ainsi que d'autres
mammifères, d'un ancêtre commun. »

L'homme descend d'un mammifère velu, pourvu
d'une queue et d'oreilles pointues, qui probablement
vivait sur les arbres et habitait l'ancien monde. Il
descendait d'un marsupial ancien, descendant lui-
même de quelque être semblable à un reptile ou à un
amphibie, qui descendait à son tour d'un animal semblable à un poisson. « Dans l'obscurité du passé, nous
entrevoyons que l'ancêtre de tous les vertébrés a dû
être un animal aquatique, pourvu de branchies, ayant
les deux sexes réunis sur le même individu et les
organes les plus essentiels du corps (tels que le cerveau
et le cœur) imparfaitement développés. Cet animal
paraît avoir ressemblé, plus qu'à toute autre forme
connue, aux larves de nos ascidies marines actuelles... »

Arrivé au terme de ce résumé des deux grands ouvrages de Darwin, je n'ai pas à les discuter actuellement, réservant la critique pour les chapitres IV et suivants. Je dois seulement, sans insister, faire remarquer dès à présent les différences qu'il y a entre l'*origine des espèces* et la *descendance de l'homme*.

Certes on retrouve l'esprit scientifique dans les deux ; on voit que les deux ont été écrits par un savant avec la méthode scientifique. Mais si l'un est presque uniquement composé de faits expérimentaux et de faits nouveaux, l'autre est surtout composé de déductions et d'inductions, de raisonnements « spéculatifs » (comme il dit lui-même) et d'hypothèses, scientifiques, vraisemblables, mais n'ayant ni la valeur ni l'autorité des conclusions du premier ouvrage.

En somme, quoique promulguées sur le même ton absolu qui semble exclure d'avance la discussion, les conclusions du second livre — c'est-à-dire de l'œuvre entière de Darwin — ne se présentent pas du tout avec les caractères d'un *dogme scientifique*, hors duquel il n'y a pas de salut scientifique.

J'ai tenu d'autant plus à souligner cette appréciation — d'ailleurs évidente et classique — que toute l'École scientifique qui a suivi a pris, en bloc, comme article de foi l'œuvre entière de Darwin, attachant même plus d'importance à la seconde qu'à la première partie de son œuvre, comme les chapitres II et III vont nous le montrer.

CHAPITRE II

LE MONISME

1. Ernest Haeckel. — 2. L'argument embryologique des transformistes-monistes.

---

1. — ERNEST HAECKEL.

Le succès des livres de Darwin fut très grand et très rapide. On dit que les 1250 exemplaires du premier tirage de son livre, paru le 24 novembre 1859, furent tous vendus le premier jour. En même temps, le débat s'étendit et se passionna de plus en plus. De Quatrefages a très bien mis la chose en lumière dans *les Émules de Darwin*.

« La question des origines du monde organique n'aurait dû être envisagée qu'au point de vue scientifique ; malheureusement, il n'en a pu être ainsi. La philosophie et le dogme, ou mieux le philosophisme et le dogmatisme, ont pris pour théâtre de leurs luttes ce terrain, qui aurait dû leur rester étranger. De bonne heure les libres penseurs s'en sont emparés ; ils s'en proclament les maîtres uniques. Ils se sont efforcés d'établir une solidarité étroite entre leurs doctrines philosophiques et le transformisme, tel que chacun d'eux le comprend. »

Les travaux des savants eux-mêmes apportaient des arguments à cette manière de comprendre la question. On ne se préoccupait pas d'apporter de nouveaux faits expérimentaux, comme ceux que Darwin avait accumulés au début de ses publications. On dissertait sur les généralisations philosophiques dont ces faits avaient été le point de départ, on étendait de plus en plus la portée et l'étendue de ces généralisations, sans dénoncer le passage de plus en plus grand de l'observation à l'hypothèse et Haeckel écrivait en tête de son *Anthropogénie* : « Dans cette guerre intellectuelle qui agite tout ce qui pense dans l'humanité et qui prépare pour l'avenir une société vraiment humaine, on voit, d'un côté, sous l'éclatante bannière de la science, l'affranchissement de l'esprit et la vérité, la raison et la civilisation, le développement et le progrès. Dans l'autre camp se rangent, sous l'étendard de la hiérarchie, la servitude intellectuelle et l'erreur, l'illogisme et la rudesse des mœurs, la superstition et la décadence. »

On voit que ce langage n'a plus rien de scientifique. Scientifiquement on développait en même temps la doctrine *moniste* qui peut être considérée comme un corollaire et un complément de la doctrine transformiste.

Théoriquement et étymologiquement on devrait, avec les classiques, appeler « monisme » toute doctrine qui ramène les êtres à un même principe essentiel, que ce principe soit la matière ou l'esprit ; le monisme est alors la philosophie de l'unité ou plutôt de l'identité, tandis que le dualisme est la philosophie de l'analogie. Avec cette définition, ajoute l'abbé

Elie Blanc dans son *Dictionnaire de philosophie*, les philosophies de Schelling, de Hegel, de Spinosa sont ainsi des philosophies monistiques ; de même, toute autre philosophie panthéiste...

Nous ne prenons pas le mot « monisme » dans ce sens. Avec la plupart des auteurs contemporains, nous appelons monisme toute doctrine philosophique d'après laquelle les lois de l'univers sont unes et identiques pour tout l'univers : monde inorganique, êtres vivants, hommes ; d'après laquelle, par suite, il n'y a qu'une science universelle, la biologie ne se distingue pas de la physico-chimie et l'énigme de l'univers est toute entière résolue par la conception uniforme et mécanistique du monde.

Pour bien comprendre et exposer loyalement cette doctrine, je vais résumer les idées principales exposées par Ernest Haeckel dans son *Histoire de la création des êtres organisés d'après les lois naturelles*. Ce livre date de 1868, c'est-à-dire est intermédiaire entre le premier et le second ouvrage de Darwin. Je crois que, mieux que tout autre, il permet de voir comment le dogme moniste est sorti du dogme transformiste, ou plutôt comment il s'y rattache, comment il le complète et comment cependant il en diffère et peut en être séparé.

Dès les premières pages, Haeckel expose la théorie darwinienne proprement dite et la doctrine plus vaste qui en dérive ; la première étant « un petit fragment » de la seconde « bien plus compréhensible, je veux dire la théorie de l'évolution, dont l'immense importance embrasse le domaine tout entier des connaissances humaines ».

Depuis la publication des travaux de Darwin, au lieu d'étudier les formes vivantes à titre de faits, les sciences naturelles donnent l'« explication mécanique des apparences », deviennent « la science des véritables causes de la nature organique. »

La principale importance du darwinisme, c'est d'avoir pour « conséquence nécessaire et incontestable » la « doctrine de l'origine animale du genre humain ».

Aucune science ne pourra se dérober à la portée d'une telle déduction. « L'anthropologie et, après elle, la philosophie tout entière en seront révolutionnées dans toutes leurs branches ».

Haeckel range ainsi la théorie de Darwin « parmi les grandes conquêtes de l'esprit humain ». — « Sa place est immédiatement à côté de la théorie newtonienne de la gravitation... si même elle ne lui est pas supérieure ».

Il faut distinguer la *phylogénie* (génération et développement de la tribu, de l'ensemble des êtres vivants) et l'*ontogénie* (génération et développement de l'être, de l'individu) : « L'histoire de l'évolution individuelle ou l'ontogénie est une répétition abrégée, rapide, une récapitulation de l'histoire évolutive paléontologique ou de la phylogénie, conformément aux lois de l'hérédité et de l'adaptation aux milieux».

La doctrine de la descendance attribue « seulement aux causes mécaniques naturelles, aux forces physico-chimiques, des phénomènes que, de longue

date, on avait coutume de rattacher à des forces créa-
trices surnaturelles ». On arrache ainsi de tous les
coins des sciences naturelles « ce voile mythique de
surnaturalisme, dont on se plaisait jusqu'ici à envelop-
per les phénomènes évolutifs dans ces branches de
l'histoire naturelle »...

Haeckel conclut cette première leçon en formu-
lant très nettement la conception monistique ou unitaire de l'univers entier. Le passage doit être cité et
retenu.

« Grâce à la théorie de la descendance, on est pour
la première fois en état de fonder la *doctrine de l'unité
de la nature*, assez bien pour que l'intelligence de tous
puisse expliquer par des causes mécaniques les phénomènes compliqués du monde organique, aussi facilement qu'un acte physique quelconque, par exemple
que les tremblements de terre, la direction du vent ou
les courants marins. Nous arrivons ainsi à la conviction extrêmement importante que tous les corps
connus de la nature sont également *animés* et que
l'opposition, jadis établie, entre le monde des corps
vivants et celui des corps morts n'existe pas. Qu'une
pierre lancée dans l'espace libre tombe sur le sol
d'après des lois déterminées ; que, dans une solution
saline, un cristal se forme ; ces phénomènes appartiennent tout aussi bien à la vie mécanique que la
croissance ou la floraison des plantes, que la multiplication ou l'activité consciente des animaux, que la
sensibilité ou l'entendement de l'homme. Avoir bien
établi cette conception unitaire de la nature, voilà
le mérite le plus grand et le plus général de la doctrine
généalogique réformée par Darwin. »

Haeckel analyse l'œuvre des principaux précurseurs de Darwin, puis celle de Darwin lui-même qu'il caractérise ainsi : 1° Darwin développe et approfondit la théorie généalogique, dont Gœthe et Lamarck avaient déjà clairement formulé les données principales ; 2° il fonde une théorie nouvelle (théorie de la sélection ou du choix naturel), qui nous dévoile les causes naturelles de l'évolution organique, les causes efficientes de la métamorphose organique, des variations et des transformations des espèces animales et végétales. « Il faut appeler darwinisme, non la théorie de la descendance, mais bien la théorie de la sélection » ; c'est le lamarckisme qui est la théorie de la descendance.

La sélection artificielle par l'homme dans les espèces domestiques a pour point de départ la diversité des types individuels, que l'on accentue en les choisissant et en les rapprochant spéciaux ; son but est de fixer les formes modifiées et de les perfectionner par l'hérédité. Le principe de l'hérédité est : non, le semblable produit le semblable ; mais, l'analogue produit l'analogue. Le générateur peut léguer des caractères acquis ou modifiés — par le climat, le milieu, l'alimentation, l'éducation...

Dans la nature il existe un procédé de sélection analogue (sélection naturelle) pour les bêtes et les plantes sauvages. « La condition, qui, dans la liberté de l'état de nature, choisit et modifie les formes animales et végétales, Darwin l'a appelée *lutte pour l'existence* (*struggle for life*) ; Haeckel aime mieux *lutte pour satisfaire les nécessités de l'existence*.

« Tout organisme lutte, dès le début de son existence,

avec une foule d'influences ennemies » : lutte dans le champ de blé, dans les espèces animales, dans les sociétés humaines : rivalité et concurrence des travailleurs ; inégalité de force, d'aptitudes... entre les individus. Les individus bien armés pour la lutte survivent seuls et perpétuent leur espèce. Les éléments de défense ne sont pas seulement transmis, mais accrus par l'hérédité et arrivent à différencier des espèces nouvelles. La lutte pour l'existence fait ainsi de la sélection et des transformations.

La sélection naturelle est beaucoup plus lente que la sélection artificielle ; mais ses produits sont plus résistants, fixes et durables ; ils reviennent plus difficilement à la forme primitive.

Chez l'homme la sélection artificielle est représentée par la préparation de l'hérédité (choix des générateurs, triage des nouveau-nés... opposé de l'assistance médicale, du sauvetage des faibles...). — La sélection naturelle est le « principe transformateur le plus puissant, le plus fort levier du progrès, le principal agent de perfectionnement » de l'espèce humaine — par la lutte pour l'existence.

« Un caractère essentiel de la guerre pour l'existence, c'est que toujours, dans la généralité, dans l'ensemble, le meilleur, par cela même qu'il est le plus parfait, triomphe du plus faible et du plus imparfait ». Dans l'espèce humaine, c'est la lutte intellectuelle. Haeckel admet « l'influence ennoblissante de la sélection naturelle », le cerveau se développant chez l'homme plus que tout autre organe, « en général, ce n'est pas l'homme armé du meilleur revolver, c'est l'homme doué de l'intelligence la plus développée qui l'emporte ; et il léguera à ses rejetons les facultés cérébrales qui lui ont valu la victoire. Nous avons donc le droit d'espérer qu'en dépit des forces rétrogrades nous verrons, sous l'influence bénie de la sélection naturelle, se réaliser toujours de plus en plus le progrès de l'humanité vers la liberté et par conséquent vers le plus grand perfectionnement possible. »

La sélection naturelle est une « force naturelle » qui modifie la conformation des diverses espèces animales et végétales et met en jeu deux propriétés vitales essentielles : l'hérédité et la variabilité (avec adaptation) dont Haeckel étudie les lois. A propos de la première de ces propriétés il dit, en passant : « presque tout ce que l'on sait des diverses lois de l'hérédité n'a d'autre fondement que les expériences des agriculteurs et des horticulteurs ».

La sélection naturelle se fait par la lutte pour l'existence. La disproportion est énorme entre le nombre des germes nés et le nombre des individus qui se développent. Sans la lutte, chaque espèce couvrirait la terre en peu de temps.

« Dans l'économie de la nature, l'équilibre des espèces change sans cesse suivant que telle ou telle espèce se multiplie aux dépens de telle autre. » — « Le mobile qui rend cette lutte nécessaire, qui partout la modifie et lui donne sa physionomie, est le mobile de la conservation de soi-même, aussi bien de la conservation de l'individu (mobile de la nutrition) que de la conservation de l'espèce (mobile de la reproduction) », tous les faits d'hérédité pouvant être ramenés à la génération et tous les faits d'adaptation à la nutrition.

« Dans la sélection naturelle, la lutte pour l'existence fait son choix tout comme le fait la volonté de l'homme dans la sélection artificielle », seulement « sans plan et sans conscience ».

Chez l'homme s'appliquent les mêmes lois que chez les autres animaux. « La sélection naturelle par la lutte pour l'existence travaille à métamorphoser la société humaine tout aussi bien que la vie des animaux et des plantes ». Dans un champ comme dans l'autre, « de nouvelles formes surgissent »...

Lamarck admet la *génération spontanée*. Darwin au contraire déclare expressément qu'il ne s'occupe ni de l'origine des forces fondamentales de l'intelligence ni de celles de la vie et, à la fin de son livre, il déclare admettre « que vraisemblablement tous les êtres organisés, ayant vécu sur la terre, descendent d'une forme primitive quelconque, que le créateur a animé du souffle de la vie ». Haeckel trace au contraire le tableau de l'évolution totale de l'univers depuis les tout premiers âges jusqu'à l'époque actuelle ; il fait l'histoire du carbone, des matières albuminoïdes, décrit l'apparition de la vie (génération spontanée). Il reconnaît d'ailleurs que « jusqu'ici » aucune des formes de la génération spontanée n'a été observée « directement et incontestablement ». Mais rien ne démontre l'impossibilité de ce phénomène « nécessaire » de la génération spontanée.

Haeckel étudie ensuite la distribution des espèces vivantes à la surface de la terre, les migrations, l'influence des milieux... l'influence de la théorie de la descendance sur la botanique et la zoologie, les âges des terrains, les périodes des systèmes, les époques de formation... Il dresse ensuite l'*arbre généalogique de l'homme*.

Tous les animaux et tous les végétaux polycellulaires descendent d'organismes unicellulaires. D'autre part la génération spontanée produit des monères (êtres primitifs très simples), qui à leur tour produisent les cellules et les êtres unicellulaires.

L'arbre généalogique du règne animal comprend : 1° les animaux primaires, zoophytes, vers ; 2° les mollusques, radiés, articulés (jusqu'aux insectes) ; 3° les vertébrés (jusqu'aux oiseaux ; 4° les mammifères (jusqu'aux simiens).

« Force nous est bien, en vertu des implacables lois de la logique, de déduire de la théorie inductive de la descendance une conclusion nécessaire, savoir que l'homme est sorti lentement et peu à peu des vertébrés inférieurs et en première ligne des mammifères simiens... Si cette manière de voir est fondée, alors la connaissance de l'origine animale de l'homme et de l'arbre généalogique de l'humanité va nécessairement influer, plus que tout autre progrès actuel, sur l'appréciation de tous les rapports humains et surtout sur la direction des sciences humaines. »

La démonstration de cette doctrine s'appuie sur l'anatomie comparée et l'ontogénie. Voici la place de l'homme dans la classification naturelle des animaux : tribu ou phylum des vertébrés ; mammifère ; placentalien ; déciduate (embryon possède une membrane caduque) ; discoplacentalien ; ordre des singes ou sixième ordre spécial des discoplacentaliens.

L'ordre des primates comprend les singes et l'homme. L'homme provient des singes catarrhiniens narines dirigées en bas). Les catarrhiniens anthropoïdes comprennent l'orang, le chimpanzé, le gorille. L'homme provient de singes de ce groupe depuis longtemps éteints. « Les hommes véritables provinrent des anthropoïdes par la graduelle transformation du cri animal en sons articulés. Le développement de la fonction du langage entraîne naturellement celui des organes qui y correspondent, c'est-à-dire du larynx et du cerveau » ; tout cela « vraisemblablement seulement au commencement de l'âge quaternaire ou de la période diluvienne, peut-être plus tôt, durant l'âge tertiaire pliocène ».

« L'existence du genre humain remonte certainement à plus de vingt mille ans », temps infiniment court par rapport à la durée des transformations antérieures de l'homme.

« Comment l'homme le plus pithécoïde est-il sorti du singe le plus anthropoïde ? Ce fait évolutif résulta surtout de deux aptitudes du singe anthropoïde, savoir : l'aptitude à la station verticale, l'aptitude au langage articulé. Ce furent là les deux plus puissants facteurs de l'homme » ; différenciation, paire par paire, des extrémités et différenciation du larynx, du cerveau et des facultés intellectuelles. « Par là s'ouvrit devant l'homme la carrière de progrès indéfini qu'il parcourt depuis lors, en s'éloignant toujours de plus en plus de ses ancêtres animaux. »

Après avoir étudié les races ou espèces humaines (il en admet 12), la patrie primitive du premier type ancestral (*homo primigenius*), Haeckel aborde la discussion des objections faites à la théorie généalogique.

1. D'abord, objecte-t-on, on ne trouve pas actuellement de formes intermédiaires transitoires entre les espèces. — D'abord il y a un certain nombre de formes intermédiaires ; puis la lutte pour l'existence les fait disparaître et ne fait vivre que les espèces bien et de mieux en mieux spécifiées.

2. Comment la théorie généalogique explique-t-elle l'origine chez les animaux des facultés intellectuelles et surtout des instincts? —Comme l'a montré Darwin les instincts sont des habitudes intellectuelles acquises par l'adaptation, transmises à travers les générations et fixées par l'hérédité.

D'ailleurs, « entre l'âme animale la plus élevée et le degré le plus humble de l'âme humaine, il y a seulement une faible différence quantitative et nulle différence qualitative. En outre, cette différence n'équivaut pas à la distance qui sépare les degrés extrêmes dans l'âme humaine comme dans l'âme animale ».

3. Il y a des hésitations et des contradictions entre les savants pour établir l'arbre généalogique de l'homme. — L'arbre généalogique est une hypothèse dont la destinée ne commande nullement celle de la théorie généalogique. « La théorie généalogique est incontestablement une grande loi inductive, fondée expérimentalement sur tous les faits biologiques connus, tandis que la théorie pithécoïde, suivant laquelle l'homme descendrait des mammifères inférieurs et en première ligne des mammifères simiens, est une loi déductive spéciale, inséparablement liée à la loi inductive générale... »

Haeckel conclut en montrant la très haute portée philosophique de toutes ces considérations

« C'est la combinaison la plus intime, la pénétration mutuelle de la philosophie et de l'expérience, qui, seules, peuvent édifier la vraie science, la *science monistique* ou, ce qui revient au même, l'histoire naturelle ». — De la réforme de l'anthropologie, suite de ces doctrines, « sortira une philosophie nouvelle qui ne sera plus, cette fois, un système vide, une vaine spéculation métaphysique, mais qui s'appuiera sur le solide terrain de la zoologie comparée ». Herbert Spencer a fait un essai de ce genre (j'en parlerai dans le chapitre suivant). « Mais, de même que cette philosophie monistique nous aura initiés à la vraie connaissance du monde réel, ainsi, dans sa bienfaisante application à la vie pratique, elle nous ouvrira une voie nouvelle de progrès moral ». « Grâce à elle, nous commencerons enfin à sortir du lamentable état de barbarie sociale où nous sommes encore plongés, en dépit de notre civilisation beaucoup trop vantée ».

D'ailleurs il est bon que le lecteur soit prévenu et se tienne sur ses gardes. S'il est vraiment intelligent, il acceptera sans discussion et propagera de son mieux les doctrines transformiste et moniste ; s'il les critique ou les discute, c'est qu'il n'est pas dans le mouvement de progrès qui entraîne l'humanité, c'est qu'il est resté un arriéré, représentant d'une époque caduque disparue.

Haeckel le dit expressément avec sa haute autorité scientifique et sans que personne ait le droit de discuter : dans le développement intellectuel des

races, « il faut accorder présentement la prééminence
aux Anglais et aux Allemands », —Lamarck ne nous
sauve pas de la condamnation : hors de Darwin et de
Haeckel, point de salut —« aux Anglais et aux Allemands qui travaillent aujourd'hui activement à
éclairer et à édifier la théorie généalogique et par là
à fonder une ère nouvelle de progrès intellectuel.
*Pour apprécier le degré de développement intellectuel de
l'homme, il n'est pas de meilleur étalon que l'aptitude
à adopter la théorie évolutive et la philosophie monistique
qui en est la conséquence. »*

Voilà le critère souverain trouvé pour juger le
degré de développement intellectuel des gens : c'est
l'aptitude à adopter les dogmes transformiste et
moniste.

Jamais religion n'a promulgué ses articles de foi
avec une arrogance aussi hautaine.

2. — L'ARGUMENT EMBRYOLOGIQUE DES TRANSFOR-MISTES-MONISTES.

J'ai dit un mot de cet argument plus haut en
parlant des précurseurs de Darwin et de Haeckel ;
mais j'ai tenu à en réserver l'exposé complet pour un
paragraphe spécial parce que cet argument embryologique des transformistes-monistes a eu, et a, une importance toute spéciale au point de vue que nous avons
ici. Voici pourquoi. On sait que d'un mot cet argument revient à dire : toutes les espèces vivantes sortent d'une cellule identique et chaque individu d'une
espèce élevée, comme l'homme, récapitule dans son
développement embryonnaire personnel toutes les

phases évolutives par lesquelles est historiquement passée son espèce pour se constituer.

Ce fait, scientifiquement observé et érigé en loi sous les signatures les plus autorisées, constitue en faveur du dogme transformiste-moniste un argument très important, surtout en ce qu'il est toujours *actuel*, vérifiable tous les jours par les savants et les observateurs contemporains, sans recourir aux arguments et aux raisonnements paléontologiques d'un contrôle actuel plus difficile, qui restent l'apanage ou le monopole de quelques savants spécialisés.

Aussi le succès de l'argument embryologique a-t-il été très grand et très tenace non seulement en biologie, en anthropologie et en histoire naturelle, mais encore dans le monde extra ou juxta-scientifique, en philosophie notamment. On l'a inscrit dans le programme du baccalauréat et nous indiquerons des preuves de son influence dans l'œuvre des philosophes les plus illustres et les plus classiques.

Voilà pourquoi il m'a paru utile de consacrer tout un paragraphe spécial à l'exposé de cet argument, la discussion critique étant toujours réservée (comme pour tout le transformisme-monisme) pour la seconde partie de ce livre.

Voici d'abord comment l'ensemble de l'argument embryologique a été exposé pour le *grand public* par Louis Büchner dans son livre *l'Homme selon la science, son passé, son présent, son avenir,* ou *D'où venons-nous ? qui sommes-nous ? où allons-nous ?*

L'embryologie a mis au jour toute une série de

faits extrêmement remarquables qui ne laissent pas subsiter un doute sur l'étroite et intime parenté de l'homme et de l'animal.

Chez tous les êtres vivants, animaux ou plantes, quelque peu élevés dans la série, le premier stade du développement embryologique consiste dans la formation d'un œuf ou d'une cellule germinale. Dans le monde organique tout entier cet œuf est identique dans ses traits essentiels, —en particulier chez tous les vertébrés. Il n'y a pas, en apparence, beaucoup d'analogie, dit Huxley, entre l'oiseau de basse-cour et son protecteur le chien de garde. Néanmoins nous savons, *de toute certitude*, que la poule et le chien commencent leur existence à l'état d'œuf primitivement identique en tout ce qui est essentiel; en outre, chez tous les deux, l'œuf, dans les phases suivantes de son développement, est jusqu'à un certain moment tellement semblable qu'au premier coup d'œil il est difficile de distinguer l'un de l'autre.

jour, le professeur Agassiz, ayant oublié d'étiqueter un embryon, fut incapable ensuite de dire si c'était un embryon de mammifère, d'oiseau ou de reptile. Au début et même à une époque assez avancée de la vie embryonnaire, le procédé de formation reste semblable ; les jeunes sont identiques ou analogues. Puis la vie embryonnaire se différencie, d'autant plus tôt que les individus résultats doivent être plus différents.

« L'embryologie nous fournit donc un témoignage précis et irréfutable de l'étroite parenté de tous les êtres vivants relativement à leur origine, à leur formation. »

L'homme provient, lui aussi, d'un germe semblable;
il n'a donc pas une place à part dans la nature. A ce
point de vue, l'homme est beaucoup plus près des
singes que les singes ne le sont du chien, que l'homme
soit né dans un palais ou dans une chaumière. Plus tard
quand l'embryon se compose du sillon primitif et de
la corde dorsale, « l'observation la plus minutieuse
est absolument impuissante à distinguer l'individualité
humaine d'un vertébré quelconque, d'un mammifère
ou d'un oiseau, d'un lézard ou d'une carpe. »

De plus, l'embryon humain passe par une série
graduée de métamorphoses, dont chacune l'assimile
presque à un type vertébé inférieur correspondant.

« Ainsi, après avoir été dans l'œuf à l'état le plus
inférieur de l'organisation, à l'état cellulaire simple,
l'homme, dans les phases primitives de son développement embryonnaire, ressemble d'abord à un poisson,
puis à un amphibie, enfin à un vertébré. Bien plus,
dans les divers moments de cette dernière phase les
stades de développement qu'il parcourt correspondent
à ceux par lesquels le type mammifère s'élève peu à
peu et graduellement, des ordres, des familles les plus
humbles aux échelons plus élevés. Ce n'est pas tout
encore : tous ces stades, tous ces degrés de développement ressemblent exactement à ceux que, pendant le
cours des âges, pendant tant de millions d'années, le
type vertébré a gravis avant d'atteindre la perfection
achevée de son développement actuel ; et ces stades
nous en exhumons les débris, les images dans la
profondeur du sol. »

Comme l'a dit Haeckel, « la série des formes diverses
que tout individu d'une espèce quelconque parcourt, à

partir du début de son existence, de l'œuf à la tombe, est simplement une récapitulation courte et rapide de la série des formes spécifiques multiples par lesquelles ont passé les ancêtres, les aïeux de l'espèce actuelle pendant l'énorme durée des périodes géologiques.

L'évolution de l'individu pendant la vie embryonnaire et même plus tard est donc simplement une répétition brève et hâtive de l'évolution du type auquel il appartient. En d'autres termes, l'individu est la miniature enfermée dans un cadre étroit de la généalogie des ancêtres ; cette généalogie est celle de l'individu et aujourd'hui encore, elle est représentée dans ses traits essentiels par l'ensemble systématisé des animaux du même groupe actuellements vivants.

Büchner conclut : est-il possible de fournir une preuve plus frappante de la connexion, de l'étroite parenté de l'homme avec toute la nature organique et spécialement avec les animaux placés derrière lui? Du même coup, ces faits jettent une lumière aussi vive que surprenante sur la question si importante de l'origine et de la généalogie du genre humain et le sujet qui nous occupe, celui de la place de l'homme dans la nature.

Voici maintenant comment cet argument embryobgique des transformistes-monistes a été posé, développé et formulé *scientifiquement* — d'après le livre de mon collègue Vialleton. *Un problème de l'évolution, la théorie de la récapitulation des formes ancestrales au cours du développement embryonnaire.*

Le premier parrain de la théorie du parallélisme

de l'embryologie et de l'anatomie comparée semble être Harvey qui écrit en 1628 : « Passant toujours par les mêmes degrés, chaque animal se forme en traversant pour ainsi dire les différentes organisations de l'échelle animale, devenant tour à tour œuf, ver, fœtus et, dans chacune de ces phases, arrivant à la perfection. »

A la fin du XVIIIe siècle, Kielmeyer voit dans le têtard du batracien le représentant d'un poisson et professe que les animaux supérieurs traversent, avant d'arriver à l'état adulte, les formes demeurées permanentes chez les animaux inférieurs. A la même époque, en France, Etienne Geoffroy Saint-Hilaire peut être considéré comme le précurseur des mêmes doctrines.

En 1811-1815, Friedrich Meckel formule nettement et développe la loi du parallélisme : « Les degrés de développement, que l'homme parcourt depuis son origine première jusqu'au moment de sa maturité parfaite, correspondent à des formations constantes dans la série animale ». Vialleton considère Meckel comme le véritable créateur de la théorie du parallélisme.

A la même époque, Serres donne un grand développement à cette théorie et formule (1842) la loi suivante: l'organogénie humaine est une anatomie comparée transitoire, comme à son tour l'anatomie comparée est l'état fixe et permanent de l'organogénie de l'homme.

Tous ces travaux sont antérieurs à *l'Origine des espèces*. Après Darwin, en 1864, Fritz Müller reprend la question du parallélisme des formes embryonnaires

et des états adultes des animaux inférieurs et en formule
ainsi la solution : « L'histoire ancestrale de l'espèce
sera conservée dans l'histoire de son développement,
d'autant plus complètement que la succession des
stades de jeunesse qu'elle parcourt d'un pas uniforme
sera plus longue et d'autant plus fidèlement que la
manière de vivre des jeunes s'éloignera moins de celle
des adultes, que les caractères des stades particuliers
de jeunesse paraîtront moins résulter, soit d'un trans-
port d'une époque postérieure à une époque antérieure
de la vie, soit d'une acquisition indépendante. » —
C'est la théorie du parallélisme transformée en celle
de la récapitulation.

Cette théorie de la récapitulation aboutit à la *loi
biogénétique fondamentale* que formule Haeckel en
1866 : ...4t l'ontogénèse — développement de l'individu
organique — est une récapitulation courte et rapide
de la phylogénèse — développement du tronc organique (phylon) — causée par les fonctions physiologiques de l'hérédité (reproduction) et l'adaption
(nutrition) ; 42, l'individu organique (comme l'individu morphologique du 1er jusqu'au 6e ordre) répète,
pendant son court développement individuel, les
plus importants changements de forme que ses ancêtres
ont traversés, d'après les lois de l'hérédité et de
l'adaptation, pendant le long temps de leur développement paléontologique ; 43,... la répétition est d'autant
plus complète que la série des états jeunes parcourus
est plus longue ; 44,... la répétition est d'autant plus
fidèle que les conditions d'existence du bien et de ses
ancêtres sont plus semblables. »

Ou, en d'autres termes

L'histoire du germe est un abrégé de l'histoire de l'espèce ou : *l'ontogénie est une récapitulation de la phylogénie* — ou même : la phylogénèse est la cause mécanique de l'ontogénèse.

On comprend qu'une loi aussi séduisante et aussi rigoureusement établie par des savants de premier ordre soit rapidement devenue un argument d'apparence irréfutable en faveur du dogme transformiste-moniste et ait été tout particulièrement retenue dans le domaine extrascientifique de la philosophie contemporaine.

Il ne me reste plus, avant de clore ce paragraphe, qu'à démontrer cette dernière proposition par quelques citations concluantes.

Dès les premières pages de *l'Évolution créatrice*, M. Bergson déclare accepter le transformisme comme point de départ scientifique. Puis il ajoute : « On peut se demander si une même matière vivante présente assez de plasticité pour revêtir successivement des formes aussi différentes que celles d'un poisson, d'un reptile ou d'un oiseau. Mais, à cette question, l'observation répond d'une manière péremptoire. Elle nous montre que, jusqu'à une certaine période de son développement, l'embryon de l'oiseau se distingue à peine de celui du reptile et que l'individu développe à travers la vie embryonnaire en général une série de transformations comparables à celles par lesquelles on passerait, d'après l'évolutionnisme, d'une espèce à une autre espèce. Une seule cellule, obtenue par la combinaison des deux cellules mâle et femelle, accomplit ce travail en se divisant. Tous les jours, sous nos yeux, les formes les plus hautes de la vie sortent d'une forme très élémentaire. L'expérience établit donc que le plus complexe a pu sortir du plus simple par voie d'évolution. Maintenant en est-il sorti? effectivement La paléontologie, malgré l'insuffisance de ses documents, nous invite à le croire ; car là où elle retrouve avec quelque précision l'ordre de succession des espèces cet ordre est justement celui que des considérations tirées de l'embryogénie et de l'anatomie comparées auraient fait supposer... Admettons pourtant que le transformisme soit convaincu d'erreur. Supposons qu'on arrive à établir, par inférence ou par expérience, que les espèces sont nées par un processus discontinu, dont nous n'avons aujourd'hui aucune idée. La doctrine serait-elle atteinte dans ce qu'elle a de de plus intéressant et, pour nous,, de plus important? La classification subsisterait sans doute dans ses grandes lignes. Les données actuelles de l'embryologie subsisteraient également. La correspondance subsisterait entre l'embryogénie comparée et l'anatomie comparée. Dès lors la biologie pourrait et devrait continuer à établir entre les formes vivantes les mêmes relations que suppose aujourd'hui le transformisme, la même parenté... C'est pourquoi nous estimons que le langage du transformisme s'impose maintenant à toute philosophie, comme l'affirmation dogmatique du transformisme s'impose à la science. »

On voit l'importance énorme que le professeur au Collège de France accorde à l'argument embryologique.

De même, M. Malapert dit, dans ses *Leçons de philosophie*, aujourd'hui classiques : « L'embryogénie comparée vient donner à cette conception (du transformisme darwinien) une force singulière, en nous montrant que, dans son évolution individuelle (ontogénèse) l'animal traverse successivement divers stades, représente successivement divers types qui sont ceux de l'embranchement, puis de la classe, de l'ordre, etc., reproduisant en raccourci l'évolution mille fois séculaire qui, de la matière protoplasmique, fait sortir l'espèce (phylogénèse). »

Je ne crois pas avoir besoin d'insister davantage pour souligner l'importance accordée à l'argument embryologique des transformistes-monistes dans le domaine extrascientifique, notamment dans le monde philosophique qui nous intéresse tout spécialement ici.

Cette question méritait un exposé complet comme je me suis efforcé de le faire dans ce paragraphe et méritera un examen critique tout spécial aussi dans la deuxième partie de ce livre.

CHAPITRE III

L'ÉVOLUTIONNISME
DES TRANSFORMISTES-MONISTES

1. Herbert Spencer. — 2. Le Dantec.

I. — HERBERT SPENCER.

Nous avons analysé deux périodes de l'histoire du transformisme. La première — la plus scientifique, celle qui marque une grande et vraie découverte en histoire naturelle — est représentée par *l'Origine des espèces* de Darwin : elle comprend une série de découvertes qui obligent à renoncer à la notion d'immutabilité des espèces et à admettre les variations et les transformations des espèces, d'où une théorie hypothétique mais importante de leur origine. — Dans la deuxième période (*la Descendance de l'homme* de Darwin et *l'Histoire de la création des êtres organisés* de Haeckel) on généralise les données de la première phase à tous les êtres vivants, au monde organique tout entier, à l'homme en particulier. — Si la première période est la période de l'origine des espèces, la deuxième est la période de l'origine de l'homme et de sa place dans le monde (*D'où venons-nous?*)

Il reste un dernier pas à franchir : la généralisation des mêmes idées à l'univers tout entier, au monde inorganique ou inanimé comme au monde organique. C'est cette dernière période que marque tout d'abord Herbert Spencer, qui fonde l'*évolutionnisme des transformistes-monistes.*

C'est en 1860 (un an après le premier ouvrage de Darwin) qu'Herbert Spencer lança le prospectus et le plan de son *Système de philosophie*, qui comprit les *Premiers Principes*, les *Principes de biologie*, les *Principes de psychologie* (déjà parus en 1855 avant les premiers ouvrages de Darwin), les *Principes de morale* et les *Principes de sociologie*.

Voici d'abord quelques-uns de ses premiers principes.

On peut définir la philosophie « la connaissance du plus haut degré de généralité». — «La connaissance de l'espèce la plus humble est le savoir *non unifié* ; la science le savoir *partiellement unifié*; la philosophie, le savoir *complètement unifié* ».

Principes fondamentaux : l'indestructibilité de la matière, la continuité du mouvement et la persistance de la force. « Celui-ci est un principe dernier, les autres en sont des corollaires ». La force ne peut sortir de rien ni se réduire à rien ; d'où la persistance des relations entre les forces — puis équivalence et transformation des forces — dans l'univers entier (mouvements des corps célestes, changements géologiques, actions organiques et superorganiques). — Puis divers corollaires, comme le rythme du mouvement. « Tous les mouvements alternent, ceux des planètes dans leurs orbites comme ceux des molé-

cules de l'éther dans leurs ondulations, ceux de la
cadence du discours comme ceux de la hausse et
de la baisse des prix... Le retour perpétuel du
mouvement dans les limites qui le bornent est inévitable ».

Ces principes, vrais de tous les êtres, ont le caractère requis pour constituer la philosophie, mais ils ne
forment pas une philosophie. « La seule chose qui
puisse unifier la connaissance, ce doit être la loi de
coopération de tous ces facteurs, une loi qui exprime
à la fois les antécédents complexes et les conséquents
complexes que présente un phénomène considéré
dans sa totalité...

La loi d'évolution est commune à tous les ordres
d'existence, en général et en détail. On la suit non seulement dans chaque tout mais dans les parties dont
chaque tout se compose. Il y a habituellement un
mouvement de l'homogénéité à l'hétérogénéité en
même temps que de la diffusion à la concentration,
du vague ou indéfini au net ou défini, vers la différenciation, accroissement dans la complexité de
structure et de fonction, consolidation de la matière
et perte de son mouvement, vers un arrangement
concentré, multiforme et déterminé.

Si l'on divise l'évolution en astronomique, géologique, biologique, psychologique, sociologique, etc.,
ce sont là des groupes artificiels, mais non des parties
séparées de l'évolution, « mais *une* évolution qui
s'opère partout de la même manière ». En même
temps qu'un tout se développe, il se fait toujours
une évolution des parties qui le composent ; cette loi
est également vraie de la totalité des choses, en tant

que composée de parties depuis la plus grande jusqu'à la plus petite.

L'évolution est ainsi une et universelle.

Reste la question de savoir si les opérations ont une limite... Elles doivent aboutir à l'équilibre. « L'avant-dernière étape de l'établissement de l'équilibre où doivent trouver leur réalisation la plus extrême multiformité et l'équilibre mobile le plus complexe, doit comprendre l'état de l'humanité le plus élevé qui se puisse concevoir »... Il y a lieu de croire que l'évolution universelle sera suivie par une dissolution universelle.

Dans les *Principes de biologie*, Herbert Spencer applique les idées développées dans le précédent ouvrage au monde organique et aux êtres vivants.

Il s'efforce d'abord de définir la vie : la combinaison définie de changements hétérogènes à la fois simultanés et successifs en correspondance avec des coexistences et des séquences externes. Au point de vue embryologique il n'admet pas la loi de Haeckel, mais seulement celle de de Baer, d'après laquelle, aux premières périodes de leur existence, tous les organismes se ressemblent par le plus grand nombre des caractères de leur embryon ; ils se différencient ensuite progressivement, leur structure ressemblant à celle que l'on trouve à une époque correspondante dans une multitude d'autres organismes...

Je n'insiste pas sur tous ces points. Il n'y a qu'une question sur laquelle il me paraît nécessaire de s'arrêter un peu : c'est celle de la *génération spontanée.*

Si l'évolution est le fond unique de l'univers tout

entier, de l'apparition et de la transformation successive des différents corps qui le constituent, il ne
suffit pas d'étudier séparément cette évolution dans
le monde inorganique et dans le monde organique, il
faut nous la montrer au passage de l'un à l'autre,
faisant et expliquant ce passage. L'évolution doit
montrer comment le vivant sort de l'inanimé. L'évolutionniste ne peut pas se soustraire à la question de
la génération spontanée.

Herbert Spencer l'aborde presque incidemment
dans un *appendice* du premier volume des *Principes
de biologie* sous forme d'une lettre au directeur de la
North American Review sur la *« prétendue » génération spontanée.*

« Je ne crois pas, dit-il, à la génération spontanée
telle qu'on l'admet communément ». Mais il croit à la
génération par évolution. Il n'admet pas que des
êtres « ayant des structures tout à fait spécifiques se
développent dans le cours de quelques heures sans
antécédents capables de déterminer leurs formes
spécifiques. »

« L'idée même de spontanéité est complètement
incompatible avec celle d'évolution... Aucune forme
de l'évolution organique ou inorganique ne saurait
être spontanée... L'évolution des formes organiques
doit, comme toute autre évolution organique, avoir
été le résultat des actions et des réactions entre ces
types de début et leurs milieux et aussi de la survie
continuelle de ceux auxquels il est arrivé de posséder des particularités les mieux appropriées aux
particularités de leurs milieux. » Il a fallu un temps
énorme pour arriver par ce procédé aux formes

comparativement bien caractérisées des infusoires ordinaires.

«Admettant que la formation de la matière organique et l'évolution de la vie dans ses formes inférieures peuvent s'opérer sous les conditions cosmiques existantes, mais croyant bien plus probable que la formation de cette matière et de ces formes a eu lieu à une époque où la chaleur de la surface terrestre... je conçois que le passage de cette matière organique à l'état des formes les plus simples a dû commencer par des portions de protoplasma plus petites, plus indéfinies, plus instables dans leurs caractères que les rhizopodes inférieurs, — moins faciles à distinguer d'un simple fragment d'albumine que n'est même le protogène du professeur Haeckel. »

« La conception d'un *premier organisme* au sens ordinaire des mots est complètement en désaccord avec la conception de l'évolution... Les êtres vivants les plus inférieurs ne sont pas à proprement parler des organismes... C'est presque un abus de langage que de les appeler formes de la vie. »

Herbert Spencer nie « le commencement absolu de la vie organique sur le globe... L'affirmation de l'évolution universelle est en elle-même la négation de l'absolu commencement de quoi que ce soit... La substance organique n'a pas été produite tout d'un coup, mais peu à peu... »

J'imagine qu'on comprend dès à présent que j'aie tenu pour préparer mon examen critique de e seconde partie, à présenter aussi honnêtement et com-l plètement que possible cette manière, confuse et peu scientifique, de concevoir en évolutionnisme trans-

formiste-moniste le passage du monde inorganique
au monde vivant.

On prévoit ce que seront les *Principes de psychologie* dans cette doctrine philosophique.

« Si la doctrine de l'évolution est vraie, il en résulte
nécessairement que l'esprit ne peut être compris que
par son évolution. Si les animaux les plus élevés
n'ont acquis que par des modifications accumulées
pendant un passé sans bornes leur organisation bien
intégrée, très définie et très hétérogène, si le système
nerveux développé de ces animaux n'atteint que peu
à peu sa structure et ses fonctions complexes, il
s'ensuit nécessairement que les formes compliquées
de conscience, corrélatives de ces structures et fonctions complexes, ont dû naître par degrés. »

« Manifestement, des formes les plus basses aux
plus hautes de la vie, l'ajustement croissant des rapports internes aux rapports externes forme une progression indivisible... L'intelligence n'a pas de degrés
distincts, elle n'est pas formée de facultés réellement
indépendantes ; mais ses phénomènes les plus élevés
sont les effets d'une multiplication qui, par degrés
insensibles, est sortie des éléments les plus simples. »

On étudie d'abord et surtout l'*acte réflexe*, « la
forme la plus inférieure de la vie psychique... la forme
la plus proche de la vie physique, celle dans laquelle
nous voyons commencer la différence entre la vie
psychique et la vie physique... Nous pouvons voir
l'alliance étroite de la vie physique et de cette vie
psychique qui commence à naître. » L'action réflexe
apparaît « comme une espèce de changement vital

très peu éloigné des changements purement physiques qui constituent la vie végétative ».

De là, on passe à l'instinct, action réflexe composée. « ...L'abîme qu'on place communément entre la raison et l'instinct n'existe pas... l'acte rationnel sort de l'acte instinctif, toutes les fois que celui-ci devient trop complexe pour être parfaitement automatique ».

On peut expliquer aussi le progrès des plus basses aux plus hautes formes de la raison. « De ce raisonnement du particulier au particulier — celui des enfants, des animaux domestiques et en général des mammifères supérieurs — au raisonnement inductif et déductif, le progrès est semblablement continu et déterminé de même par l'accumulation des expériences. Et par l'accumulation des expériences est aussi déterminé le progrès tout entier des connaissances humaines, depuis les plus étroites généralisations jusqu'aux généralisations de plus en plus larges. »

« Le cerveau représente une infinité d'expériences reçues pendant l'évolution de la vie en général ; les plus uniformes et les plus fréquentes ont été successivement léguées, intérêt et capital, et elles ont aussi monté lentement jusqu'à ce haut degré d'intelligence qui est latent dans le cerveau de l'enfant — et que dans le cours de la vie l'enfant exerce, fortifie en général et rend plus complexe — et qu'il léguera à son tour, avec quelques faibles additions, aux générations futures... Il arrive ainsi que de ces sauvages incapables de compter au delà du nombre de leurs doigts et qui parlent une langue qui ne contient que des noms et des verbes, sortent à la longue nos Newton et nos Shakespeare.

« Les sentiments scientifiquement considérés ne peuvent pas être séparés des autres phénomènes de conscience ». Ils sortent des formes les plus basses d'action psychique par degrés successifs, qui conduisent aux formes les plus hautes d'action psychique. C'est d'ailleurs dans d'innombrables générations successives que se produit cette évolution des sentiments, « causée par l'agrégation progressive des états psychiques qui sont liés dans l'expérience. »

« Ce que nous appelons volonté n'est qu'un autre aspect du même processus général ».

« En passant des actions réflexes composées à ces actions assez composées pour n'être qu'imparfaitement réflexes, — en passant d'un groupe de changements psychiques qui sont liés organiquement et se produisent avec une extrême rapidité, à ce groupe de changements psychiques qui ne sont pas liés organiquement et se produisent avec quelque délibération et par conséquent conscience, nous passons à un ordre d'action mentale qui est celle de la mémoire, raison, sentiment ou volonté, selon le rapport sous lequel nous le considérons ».

Herbert Spencer combat l'illusion courante, qui paraît consister principalement dans la supposition qu'à chaque moment le *moi* est quelque chose de plus que l'état de conscience composé qui existe alors. L'homme, « en parlant de lui comme de quelque chose de distinct du groupe d'états psychiques qui a produit l'impulsion, tombe dans l'erreur de supposer que *ce n'est pas l'impulsion seule qui a déterminé l'action* ». C'est de cette illusion subjective que la notion du libre arbitre tire communément son origine — illusion subjective renforcée par l'illusion objective correspondante sur l'activité propre, la volonté et la liberté des autres hommes... Spencer nie complètement le libre arbitre.

En somme, « la loi de l'évolution s'applique au monde intérieur comme au monde extérieur. En suivant, à partir de ses commencements les plus humbles et les plus vagues, l'accroissement de cette intelligence qui devient si merveilleuse chez les êtres supérieurs, nous voyons que, sous quelque espèce qu'on la contemple, elle présente une transformation progressive de la même nature que la transformation progressive que nous pouvons suivre dans l'univers entier, non moins que dans la moindre de ses parties... Et quand nous observons les états de conscience corrélatifs, nous découvrons qu'eux aussi, d'abord simples, vagues et incohérents, deviennent ensuite de plus en plus nombreux en espèces, s'unissent en agrégats de plus en plus considérables, de plus en plus nombreux et de plus en plus variés, et finissent par revêtir ces formes achevées que nous leur voyons dans les généralisations scientifiques, où des éléments quantitatifs précis sont coordonnés en rapports quantitatifs d'une aussi parfaite précision ».

Conclusion : « Derrière toutes les manifestations intérieures et extérieures, *il y a une puissance qui se manifeste*. — « Si la nature de cette puissance ne peut être connue, si nous sommes privés de la faculté de nous en faire la plus obscure conception, cependant sa présence universelle est le fait absolu sans lequel il n'y a pas de faits relatifs ». Tous les phénomènes psychiques étant transitoires, toute la vie étant transitoire, « la seule chose permanente est la réalité inconnaissable cachée sous toutes ces apparences changeantes ».

Les *Principes de psychologie* se terminent par quelques chapitres consacrés à la sociabilité, la sympathie, les sentiments égoïstes, altruistes et esthétiques,... qui servent de transition avec la sociologie.

A ce dernier point de vue, Herbert Spencer a publié une *Introduction à la vie sociale* et quatre volumes de *Principes de sociologie*.

« Tous les savants admettent maintenant que le principe de l'équivalence et de la transformation des forces s'appliquent aussi bien aux corps organiques qu'aux corps inorganiques ; il est même reconnu que tous les actes de l'intelligence correspondent à des modifications du cerveau. Le corollaire nécessaire de ces deux propositions est que tous les actes qui s'accomplissent dans la société sont les effets d'énergies antérieurement existantes qui disparaissent en les produisant, tandis qu'eux-mêmes deviennent à leur tour des énergies en actes ou en puissance, d'où surgiront des actions postérieures. » Il faut donc étudier ces phénomènes d'ordre supérieur comme on a étudié les phénomènes d'ordre inférieur. Non certes par les mêmes méthodes pratiques, mais d'après les mêmes principes. Il « doit y avoir une science sociale exprimant les relations réciproques de l'unité humaine et de l'agrégat humain avec toute la précision que comporte la nature des phénomènes à étudier ».

Spencer passe alors en revue les difficultés objectives et subjectives que rencontre l'établissement de

cette science, les préjugés de l'éducation, du patrio-
tisme, des classes, politiques, théologiques...

Pour établir et parcourir le domaine de la sociologie, Spencer rappelle que la science de la sociologie
part des unités sociales et a pour mission de nous
expliquer tous les phénomènes qui résultent de leurs
actions combinées. Je rencontre ainsi d'abord la
famille, puis les organisations politiques, les appareils
et formations ecclésiastiques...

Je ne peux malheureusement pas insister sur tous
ces points, obligé que je suis encore d'exposer les
applications de ces principes évolutionnistes à la
morale ou la *morale évolutionniste* d'Herbert Spencer.

Quoiqu'en fait ils aient paru avant les *Principes
de biologie*, les *Principes de morale* devaient terminer
et conclure le *Système de philosophie*. Le but final
de l'œuvre entière, depuis 1842, « poursuivi à travers
tous les buts prochains que je me suis proposés, a
toujours été de découvrir une base scientifique pour
les principes du bien et du mal dans la conduite en
général... Il y a un pressant besoin d'établir sur une
base scientifique les règles de la conduite droite.
Aujourd'hui que les prescriptions morales perdent
l'autorité qu'elles devaient à leur prétendue origine
sacrée, la sécularisation de la morale s'impose. »

« La *conduite* est un ensemble et, en un sens, un
ensemble organique, un agrégat d'actions mutuellement liées accomplies par un organisme. La division
ou l'aspect de la conduite dont traite la morale est
une partie de ce tout organique et une partie dont les
composantes sont indissolublement unies avec le

reste... La manière de vivre que nous appelons bonne, celle que nous appelons mauvaise sont comprises dans la manière de vivre en général, avec celle que nous regardons comme indifférente. Le tout dont la morale est une partie est le tout constitué par la théorie de la conduite prise dans son ensemble et il faut comprendre ce tout avant d'en comprendre une partie... *La transition des actes indifférents aux actes bons ou mauvais se fait par degrés... une conduite où la moralité n'intervient pas se transforme par des degrés insensibles et de mille manières en une conduite morale ou immorale...* Nous n'aurons pas une compréhension complète de la conduite en considérant seulement la *conduite des hommes* ; nous devons en effet la regarder comme une simple partie de la conduite universelle, de la conduite telle qu'elle se manifeste chez tous les êtres vivants... Pour bien comprendre la conduite humaine dans son ensemble il faut l'étudier comme une partie du tout plus vaste que constitue la *conduite des êtres animés en général* ; et cela pas seulement pour la conduite actuelle, mais à travers les types ascendants de l'animalité ; d'où la nécessité de l'étude de l'évolution de la conduite.

Toute la doctrine de Spencer sur la morale est dans les propositions que je viens de citer.

L'auteur s'efforce de démontrer que l'évolution de la conduite est correlative à l'évolution de structure et de fonctions ; il poursuit sa démonstration à travers la série animale depuis les formes les plus humbles, puis à travers les races humaines en partant des plus inférieures, — en envisageant soit les actes qui ont pour dernier résultat de compléter la vie

individuelle, soit les adaptations qui ont pour fin la
vie de l'espèce.

En même temps, il montre que, en évoluant, les
formes vivantes deviennent de moins en moins mili-
tantes et de plus en plus industrielles : de la guerre
et de la concurrence vitale par la lutte, les êtres vivants, en s'élevant dans la série, passent à l'entr'-
aide et à la collaboration pour atteindre leur but !

Que signifient les mots *bonne* et *mauvaise* conduite ?
Les objets sont appelés bons ou mauvais selon qu'ils
sont plus ou moins propres à nous permettre d'atteindre des fins déterminées. Cela est vrai d'abord
du monde inanimé, ensuite des êtres vivants : toujours ces mots *bon* et *mauvais* se rapportent à
l'*utilité* de l'acte. Au point de vue moral, ces mots ont
le même sens ; ils indiquent toujours que les adaptations
de moyens à fins sont ou ne sont pas efficaces ;
dans l'espèce, ces fins sont la conservation de l'individu. « On appelle bonne la conduite par
laquelle cette conservation de soi est favorisée et
mauvaise la conduite qui tend à la destruction de
l'individu ». La conduite est considérée comme la
meilleure quand elle permet d'assurer simultané-
ment la plus grande somme de vie à l'individu, à ses
enfants et aux autres hommes,

La raison dernière pour continuer de vivre est
uniquement de goûter plus de sensations agréables
que de sensations pénibles et cette supposition seule
permet d'appeler bons ou mauvais les actes qui favo-
risent ou contrarient le développement de la vie...
Il est impossible de nier que ce qui est bon ne se
confonde universellement avec ce qui procure du

plaisir... Nos idées de la bonté et de la méchanceté des actes viennent de la certitude.ou de la probabilité avec laquelle nous les croyons capables de produire, ici ou là, des plaisirs ou des peines. »

« La conception de la vertu ne peut être séparée de la conception d'une conduite procurant le bonheur ».

Pessimistes et optimistes, c'est-à-dire l'humanité tout entière, admettent ce postulat : la vie est digne d'être bénie ou maudite suivant que la résultante est agréable ou pénible pour la conscience.

« Appartenant par l'un de ses côtés à des sciences diverses, physique, biologie, psychologie et sociologie, la morale ne peut être définitivement comprise qu'au moyen des vérités fondamentales communes à toutes ces sciences... Il faut aborder l'étude des phénomènes moraux comme phénomènes de l'évolution. »

D'abord au point de vue *physique* : « Les mouvements successifs dont la conduite morale est composée ont les uns avec les autres des relations plus constantes que ceux dont l'autre conduite se compose, sont plus cohérents que cette conduite. »

Au point de vue *biologique*, l'homme moral idéal est celui chez lequel les fonctions de tous genres sont convenablement remplies. « L'accomplissement de toutes les fonctions est, en un sens, une obligation morale... Toutes les fonctions animales, aussi bien que les fonctions plus élevées, ont leur caractère obligatoire... De là résulte un critérium des actions. Nous pouvons dans chaque cas nous demander : l'action tend-elle pour le présent à maintenir la vie complète? tend-elle à la prolongation de la vie jusqu'à sa pleine durée? Répondre oui ou non à l'une ou à l'autre de ces questions, c'est implicitement classer l'action comme bonne, ou mauvaise par rapport à ses effets immédiats, quelle qu'elle puisse être par rapport à ses effets éloignés. »

« Les douleurs sont nécessairement corrélatives à des actions nuisibles pour l'organisme, tandis que les plaisirs sont corrélatifs à des actions contribuant au bien-être. En effet, c'est une déduction inévitable de l'hypothèse de l'évolution que des races d'êtres sentants n'ont pu venir à l'existence dans d'autres conditions... La condition essentielle de développement de cette existence, c'est que les actes agréables soient en même temps des actes favorables au développement de la vie.

Cependant il y a des plaisirs nuisibles et des peines avantageuses. « Je reconnais que, dans l'état actuel de l'humanité, la direction donnée par les peines et les plaisirs immédiats est mauvaise dans un grand nombre de cas. » Il faut bien se rappeler que tous les actes, agréables ou douloureux, ont non seulement un effet immédiat, mais aussi un effet éloigné, dont il faut également tenir compte.

On pourrait insister « sur la nécessité de préluder à l'étude de la science morale par l'étude de la science biologique ».

Au point de vue *psychologique*, on peut suivre aussi la genèse de la conscience morale. Les trois contrôles, politique, religieux et social, conduisent séparément les hommes à subordonner les satisfactions prochaines aux satisfactions éloignées; ils sont, à ce point de vue,

semblables au contrôle moral qui exige habituellement que l'on fasse passer les sentiments simples,
présentatifs, après les sentiments complexes, repré-
sentatifs, et que l'on subordonne le présent à l'avenir.
Ces trois contrôles (politique, religieux et social) ne
constituent cependant pas le contrôle moral, mais y
préparent seulement.

Comment se produit le sentiment d'obligation morale
en général, le sentiment du devoir? «C'est un sentiment abstrait engendré d'une manière analogue à
celle dont se forment les idées abstraites... »

Conclusion générale du chapitre : les plaisirs et
les peines qui ont leur origine dans le sentiment moral
deviendront, comme les plaisirs et les peines physiques,
des causes d'agir ou de ne pas agir si bien adaptées,
dans leurs forces, aux besoins, que la conduite morale
sera la conduite naturelle » : par l'évolution, l'idée
d'obligation tend à s'effacer...

Au point de vue *sociologique*, la morale n'est rien
autre qu'une explication définie des formes de conduite
qui conviennent à l'état de société, de telle sorte que
la vie de chacun et de tous puisse être la plus complète
possible, à la fois en longueur et en largeur. Seulement
ici se présente le fait de la désharmonie et du conflit
entre la vie et la fin de l'organisme social et la vie
et la fin de l'individu.

A l'origine, le bien-être de groupes sociaux, ordinairement en antagonisme avec d'autres groupes semblables, prend le pas sur le bien être individuel et les règles
de conduite, auxquelles on doit alors se conformer, empêchent le complet développement de la vie individuelle
pour que la vie générale puisse être conservée. A

mesure que les sociétés deviennent moins dangereuses
les unes pour les autres, le besoin de subordonner
les existences individuelles à la vie générale décroît et,
quand on approche d'un état pacifique, la vie générale, dont le but éloigné a été dès le commencement
de favoriser les existences individuelles, fait de ce
but son but prochain. La loi de coopération s'impose
et est acceptée de plus en plus : coopération, d'abord
par force et nécessité, plus tard volontaire, « le plus
haut développement de la vie étant atteint seulement lorsque, non contents de s'aider mutuellement
à rendre leur vie complète par une assistance réciproque
spécifiée, les hommes s'aident encore autrement à
rendre mutuellement leur vie complète. »

On se sert du nom d'hédonisme pour désigner la
théorie morale qui fait du bonheur la fin de toute
action et on distingue deux formes d'hédonisme,
égoïste et général, suivant que le bonheur cherché
est celui de l'auteur lui-même ou celui de tous. —
« On ne se contredit en aucune manière en affirmant
que le bonheur est la fin dernière des actes et en
niant, en même temps, qu'on puisse y arriver en
faisant du bonheur son but immédiat. »

« En accordant aux diverses théories morales l'importance qu'elles méritent, la conduite sous la forme
la plus élevée prendra comme guides les perceptions
innées du bien convenablement éclairées et rendues
précises par une intelligence analytique ; cette intelligence aura conscience, en même temps, que ces guides
sont approximativement suprêmes seulement parce
qu'ils conduisent à la fin suprême par excellence,
le bonheur spécial et général. »

Après un chapitre sur la « relativité des peines et des plaisirs », Spencer étudie l'égoïsme et l'altruisme.

« Les actes par lesquels chacun travaille à conserver sa propre vie doivent, d'une manière générale, s'imposer avant tous les autres... L'égoïsme passe avant l'altruisme... Les prétentions égoïstes doivent prendre le pas sur les prétentions altruistes. » Cette proposition ne peut être contestée sous son aspect biologique, mais choque certains esprits sous son aspect moral.

« L'individu qui a le degré d'égoïsme voulu garde les facultés qui rendent possibles les activités altruistes. L'individu qui n'a pas ce degré d'égoïsme perd plus ou moins de son aptitude à être altruiste... A la fois directement et indirectement, le désintéressement poussé à l'excès engendre l'égoïsme coupable... Un égoïsme rationnel, bien loin d'impliquer une nature humaine plus égoïste, s'accorde au contraire avec une nature humaine moins égoïste. »

L'altruisme, qu'on peut définir « toute action qui, dans le cours régulier des choses, profite aux autres au lieu de profiter à celui qui l'accomplit », depuis le commencement de la vie, n'a pas été moins essentiel que l'égoïsme. « Bien que primitivement il dépende de l'égoïsme, secondairement l'égoïsme dépend de lui » (dans l'altruisme, pris au sens le plus large, l'auteur comprend « les actes par lesquels les enfants sont élevés et l'espèce conservée »). « Le sacrifice de soi n'est pas moins primordial que la conservation de soi. » L'altruisme s'élève dans la série de l'altruisme inconscient des parents à l'altruisme conscient du genre le plus élevé, à l'altruisme dans la famille et l'altruisme social.

« Si les hommes, au lieu de vivre séparément, s'unissent pour la défense ou pour d'autres entreprises, ils doivent individuellement recueillir plus de bien que de mal de leur union. En moyenne, chacun doit perdre moins par suite des antagonismes de ceux avec qui il est associé qu'il ne gagne par l'association. Ainsi, à l'origine, l'accroissement de satisfactions égoïstes que produit l'état social ne peut être obtenu que par un altruisme suffisant pour causer une reconnaissance des droits d'autrui, sinon volontaire, du moins forcée. »

Il y a bien des manières dont le bien-être de chacun naît et disparaît avec le bien-être de tous. « Le perfectionnement des autres, au point de vue physique, au point de vue intellectuel et au point de vue moral, importe personnellement à chacun... L'égoïsme pèche habituellement quand il n'est pas modéré par l'altruisme. Il diminue la totalité du plaisir égoïste en diminuant dans plusieurs directions la capacité d'éprouver le plaisir... La somme des plaisirs esthétiques est plus considérable pour une nature altruiste que pour une nature égoïste. »

« Depuis l'origine de la vie, l'égoïsme a dépendu de l'altruisme, comme l'altruisme a dépendu de l'égoïsme, et dans le cours de l'évolution les services réciproques de l'un et de l'autre se sont accrus ».

Un compromis est seul possible entre l'égoïsme et l'altruisme. Spencer étudie le principe du plus grand bonheur formulé par Bentham et ses disciples.

« Le pur altruisme se détruit lui-même ». On peut montrer l'inconséquence de cet utilitarisme transfiguré

6

qui regarde sa doctrine comme le développement de la maxime chrétienne : « Aimez votre prochain comme vous-même » et de cet altruisme qui, allant plus loin, formule cette maxime : « Vivez pour les autres... » Le pur altruisme, quelle que soit la forme sous laquelle il se présente, condamne ses partisans à des absurdités de plusieurs sortes.

« L'on réalisera le bonheur général principalement si les individus recherchent d'une manière convenable leur propre bonheur et réciproquement le bonheur des individus sera réalisé en partie s'ils travaillent au bonheur général... Dans le cours de l'évolution il s'est produit une conciliation entre les intérêts de l'espèce, les intérêts des parents et les intérêts des descendants... » Progressivement la guerre est remplacée par la sympathie.

« Sous sa forme dernière, l'altruisme consistera dans la jouissance d'un plaisir résultant de la sympathie que nous avons pour les plaisirs d'autrui que produit l'exercice heureux de leurs activités de toutes sortes, plaisir sympathique qui ne coûte rien à celui qui l'éprouve, mais qui s'ajoute par surcroît à ses plaisirs égoïstes. »

Je n'insiste pas sur les deux derniers chapitres, qui ont trait : l'un à la morale absolue et la morale relative, l'autre au domaine de la morale, et je passe à la doctrine philosophique de Le Dantec, que je crois plus complète et plus logique que celle d'Herbert Spencer, comme philosophie imprégnée et dominée par le dogme transformiste-moniste.

2. — LE DANTEC.

Dans les trois étapes que nous avons symbolisées sous les noms de Charles Darwin, Ernest Haeckel et Herbert Spencer, nous avons vu évoluer le transformisme de l'ère initiale des grandes découvertes de faits particuliers en histoire naturelle (végétaux et animaux) à la période de doctrine philosophique générale, moniste et évolutionniste, englobant dans les mêmes lois et la même science l'univers tout entier (corps inanimés, êtres vivants, hommes).

Il y a encore un pas à faire pour atteindre complètement l'universalisation complète de la doctrine.

Nous avons vu en effet que les auteurs cités, malgré la hardiesse déjà grande de leurs généralisations, reculaient ou tout au moins hésitaient devant certaines difficultés. Ainsi ils ne donnaient pas une solution bien nette et bien franche au problème, qui s'impose cependant, de la génération spontanée et du passage du monde inorganique au monde vivant. De même pour le passage de la loi de guerre de tout l'univers à la loi de sympathie et d'entr'aide qui s'impose aux hommes et préside à la constitution des sociétés humaines...

Cette dernière étape, exigée par la logique complète et outrancière, a été franchie par Le Dantec et son école. Nous allons le voir pousser *jusqu'au bout* les principes du transformisme, du monisme et de l'évolutionnisme universels.

L'œuvre de Le Dantec est très considérable ; je

fais le résumé suivant d'après treize volumes, dont la publication a été échelonnée de 1896 à 1917.

J'ai déjà cité le passage de *Science et Conscience, Philosophie du XX⁰ siècle* 1908, dans lequel Le Dantec parlait du « dogme » transformiste et de la « valeur religieuse» de cette doctrine. C'est une idée sur laquell il revient, dans toute son œuvre ; il a conscience et il proclame qu'il édifie non un chapitre transformé de science, mais une « philosophie » et une « religion ».

« Contrairement à ce que pensent beaucoup de gens, dit-il, la biologie générale n'est pas une science expérimentale ; c'est une philosophie, une synthèse des résultats obtenus par les savants dans toutes les branches des sciences naturelles... La biologie générale est surtout une religion ; je veux dire par là qu'elle résout les problèmes les plus passionnants qui se posent à nous, ceux qui intéressent notre nature même et auxquels nous tenons par-dessus tout, parce que leur solution ne nous sert à rien, du moins à rien de pratique. »

Cette doctrine philosophique est bien le monisme complet, universel, sans restriction, s'appliquant à l'univers tout entier.

Il n'y a qu'une vérité, la vérité scientifique, qui s'applique à tout et pénètre partout.

« Seules, les vérités scientifiques ont un caractère impersonnel ; autrement dit, le mot *vérité* n'a aucun sens en dehors de celui de vérité scientifique. » Plus tard, le même auteur a dit dans *Savoir ; Considérations sur la méthode scientifique, la guerre et la morale* (1917): « Il y a une *Vérité* avec un grand V, celle à laquelle on arrive par la méthode scientifique... Les autres croyances que l'on décore du nom de vérité sont de pures erreurs que nous aimons et que nous jugeons respectables parce qu'elles datent de longtemps. » C'est ce qu'exprime l'épigraphe du même volume : « Il y a une vérité que l'on trouve par la méthode scientifique ; en dehors de cette vérité, tout ce qu'on appelle ainsi n'est que verbiage ou convention. »

Tout ce qui n'est pas atteint par la méthode scientifique est inconnaissable et n'existe pas pour l'intelligence de l'homme. Telles sont les idées métaphysiques.

« Les philosophes les plus écoutés, dit-il en 1908, sont les métaphysiciens, c'est-à-dire ceux qui parlent, de préférence, de concepts nés dans leur organe vocal et ne représentant rien d'accessible à la physique qui mesure. Le plus célèbre, sans contredit, des métaphysiciens français actuels est M. Bergson. (1) » Plus tard, il dit de même dans *le Problème de la mort et la conscience universelle* (1917) : « La métaphysique est l'art de se passer de la physique », proclamant qu'il n y a dans les fameux principes métaphysiques que des « fantaisies grammaticales ».

Ce que l'on voudrait étudier sous le nom de métaphysique est non seulement inaccessible aux méthodes de la science positive, mais encore à toute espèce de moyen de connaissance : c'est l'*inconnaissable* et,

---

1) C'est du même philosophe que Le Dantec dit : « J'avais jusqu'à présent une connaissance très vague des écrits de l'éminent philosophe ; le langage dans lequel il s'exprime est tellement différent de celui auquel je suis habitué, qu'il me faudrait, pour le suivre facilement, un traducteur que je n'ai pas encore rencontré ».

de plus, cela ne nous intéresse pas. Dans *les limites du Connaissable, la vie et les phénomènes naturels*, Le Dantec dit en 1903 : « Quoi qu'en pense le professeur Grasset qui a voulu imposer des limites à la biologie, rien ne peut intéresser l'homme à moins d'agir sur lui ; tout ce que nous connaissons est du domaine de la biologie au moins par la manière dont nous le connaissons ; nous connaissons en effet au moyen de nos organes et le fonctionnement de nos organes est du ressort de la biologie. La seule chose même qui, dans un phénomène extérieur à nous, soit susceptible de nous préoccuper sérieusement, c'est le retentissement de ce phénomène sur nous-mêmes et ce retentissement est biologique. »

Le Dantec défend énergiquement le monisme le plus absolu, englobant le monde inorganique, le monde organique et l'homme. Tout le domaine de la vie appartient à la mécanique.

Déjà en 1896 il conclut sa *Théorie nouvelle de la vie*: « Dans ce qui frappe nos sens au cours de l'observation des êtres vivants, rien n'est en dehors des lois naturelles établies pour les corps bruts (chimie et physique)». et, un an après, dans *le Déterminisme biologique et la personnalité consciente*, il proclame que les lois du déterminisme biologique n'ont rien de contraire au déterminisme chimique ; il n'y a pas d'intervention mystérieuse de principes immatériels ; la loi d'inertie est universelle : un corps ne peut modifier par lui-même son état de repos ou de mouvement.

Certainement, dit-il dans ses *Éléments de philosophie biologique* (1907), « l'homme a appris depuis longtemps à réunir sous l'appellation commune d'êtres

vivants des corps aussi peu semblables que le
chien, le ver de terre, la fougère et le rosier » ; mais
le principe de continuité qui relie les uns aux autres en
série ininterrompue tous les corps de l'univers, depuis le
caillou jusqu'à l'homme, oblige à affirmer que « entre
la vie et la mort, la différence est du même ordre
qu'entre un phénol et un sulfate, entre un corps
électrisé et un corps neutre. »

On doit « envisager l'évolution organique comme
étant une suite naturelle de l'évolution inorganique »
et se demander à quel endroit de l'évolution inorganique peut, en bonne logique, se placer l'apparition
de la vie » ; et il montre que les phénomènes biologiques prennent place, parmi les autres phénomènes
naturels, entre « les phénomènes d'équilibre parti-
culaire des colloïdes et les phénomènes chimiques
d'équilibre moléculaire ». Toute la huitième partie
du même volume est consacrée à l'évolution dans la
matière vivante et la matière brute ; et la dixième
partie à la formation des espèces et l'apparition de la
vie.

A ce dernier point de vue, il rejette toutes les
théories qui reculent le problème sans le résoudre
et admet la génération spontanée. La vie « a apparu
à la surface de la terre dans des circonstances que
les savants s'efforcent de reproduire dans les laboratoires ». Pasteur n'a pas démontré l'inutilité de
ces efforts ; après ses expériences « le problème de la
synthèse d'un protoplasma vivant reste entier ».
On arrivera, un jour, à fabriquer une cellule. Quand
cette synthèse effective sera obtenue, « elle n'étonnera
pas ; elle sera d'ailleurs parfaitement inutile ; car,

avec les connaissances nouvellement acquises par les savants, il n'est plus nécessaire à un esprit éclairé de voir fabriquer du protoplasma pour être convaincu de l'absence de toute différence essentielle, de toute discontinuité absolue entre la matière vivante et la matière brute ».

Toute la doctrine de la *mécanique de la vie* est spécialement développée dans le volume (1913) qui porte ce titre : « Rien, dans l'ensemble des phénomènes vitaux », n'est « inaccessible aux investigations des savants qui font des mesures ». La lutte est cantonnée entre les adeptes de cette doctrine scientifique et les mystiques ; le résultat n'en est pas douteux.

Poursuivant avec une logique impitoyable les applications de sa doctrine moniste absolue, Le Dantec arrive à la science de l'homme tout entière, notamment à la morale et à la sociologie.

Pour la *morale*, assimilant complètement l'homme, non seulement à tous les autres êtres vivants, mais encore aux corps bruts de l'univers entier, il n'admet ni liberté ni responsabilité ni devoir, c'est-à-dire qu'il détruit complètement, au nom de la science positive, tous les principes sur lesquels une morale peut être édifiée.

Dans le *Traité de biologie* (1903), il déclare continuer à croire, avec les déterministes, que la liberté absolue ou liberté au sens philosophique n'est qu'une illusion ; en 1907, il consacre un chapitre entier d'un livre déjà cité à la *spontanéité et l'illusion de la liberté*.

L'année suivante, dans un autre livre déjà cité aussi, il inscrit en tête d'un paragraphe : « La science

ne nous dicte pas de morale pratique. La notion du
bien et du mal, du juste et de l'injuste sont des vérités
humaines, ne sont pas des vérités scientifiques, c'est-à-
dire des vérités qui s'imposent à tous les hommes.
Aussi ne s'entendent-ils pas pour déclarer que telle chose
est bonne ou mauvaise, juste ou injuste. La science
ne peut pas tirer de ce mauvais pas et construire,
sur des bases s'imposant à tous, une morale que
personne ne puisse plus discuter. « Des esprits géné-
reux ont souhaité l'avènement du règne de la science,
parce qu'ils y ont vu la promesse du règne de la
justice ! Il faut en rabattre ; le règne de la science,
s'il est possible, si une humanité logique est capable
de vivre, ne sera pas le règne de la justice ; car la
justice n'est pas une vérité scientifique. »

Dans l'*Égoïsme seule base de toute société ; étude des
déformations résultant de la vie en commun* (1911), Le
Dantec ajoute que, dans le langage humain, on a
donné le nom de *droit* et de *devoir* à des habitudes
fixées dans notre hérédité ou dans notre tradition
comme le droit des parents sur les enfants ou le devoir
des enfants envers les parents. Dès lors, ces notions
peuvent être bonnes ou mauvaises suivant les circonstances ; on devra en discuter l'application dans chaque
cas. De ces notions logiques vraiment individuelles
nous ne sommes pas *obligés* de tenir compte. Les
notions morales ressemblent, non aux lois naturelles,
mais aux lois humaines que chacun peut discuter
avant de s'y soumettre.

Quand les parents sont devenus vieux, les enfants
ont des devoirs vis-à-vis d'eux, et ils les remplissent
par imitation, par habitude et aussi par intérêt,

« parce que leurs enfants, qui en sont témoins, auront
ainsi une raison de plus d'obéir plus tard à leurs parents
devenus vieux. » — « C'est là l'origine de ce que nous
appelons le bien et le mal... La notion du bien et du
mal est une déformation sociale... Il n'y a pas de bons
absolument bons et de méchants absolument méchants. » Suivant que les hommes obéissent ou se
soustraient davantage à l'habitude morale, l'argot
moderne les baptise en deux groupes : « les premiers
sont les poires, les seconds sont les effrontés ».

En 1913, Le Dantec écrit : « Une biologie positive
complète est possible et peut être construite par la
méthode des sciences physiques. Cela étant établi,
on ne peut plus nier le déterminisme biologique
absolu. Et, par conséquent, quand l'homme se croit
libre, il se trompe. » De même en 1917, à propos de « la
bande à Bonnot » ; « le mérite n'existe pas chez
l'homme envisagé seul ; je suis plus convaincu que
personne, par mes études de biologie, de l'impossibilité
de trouver un fondement à la notion absolue de mérite
individuel. L'être vivant n'est pas libre ; il est une
résultante de son hérédité qu'il doit accepter telle
quelle et de son éducation que font les circonstances
extérieures à lui. Il n'est donc pas responsable ;
il n'a pas de mérite. Et celui qui prétendrait récom-
penser ou punir un homme au nom d'un principe
métaphysique supérieur ne serait qu'un visionnaire,
sympathique sans doute, mais dépourvu de toute
raison. Donc, au point de vue du mérite, égalité absolue
entre tous les hommes considérés comme individus,
mais égalité dans la nullité. Tous ont le même mérite,
qui est nul. »

Enfin, la même année, dans un autre ouvrage :
« Aujourd'hui on voit bien que, dans les affaires importantes, la force et l'intérêt passent avant tout ;
les considérations sur le bien et le mal, sur le devoir
et le droit sont encore une pâture quotidienne pour
les faibles que la vérité effraie ; mais ce ne sont pas ces
faibles qui décident du sort des batailles et préparent
l'avenir de l'Europe... Il y a des vérités scientifiques
établies aujourd'hui d'une manière indiscutable et
qui peuvent servir à démontrer, sans d'ailleurs les
remplacer par rien, que les principes sur lesquels
repose la conduite ordinaire des hommes sont tous
faux... La conservation de l'énergie, établie désormais comme une vérité rationnelle et qui a par conséquent la valeur d'un théorème de géométrie, réduit
à la condition de pures fables toutes les belles histoires
que nous racontent à l'envi les philosophes au sujet
de la liberté et de la responsabilité humaines, du
mérite et du châtiment ». La physique nous défend
de prêter la moindre attention aux notions de liberté,
mérite et culpabilité, récompense et punition... « La
notion de liberté a donc vécu... Il faut être bien peu
clairvoyant pour ne pas s'apercevoir que la morale
est une duperie... La notion du droit s'est maintenue
jusqu'à nous par la seule hypocrisie. » « Décidément
cette vieille morale, si chérie des hommes qui y
croient vraiment et qui sont des poires, ne sert qu'à
donner un vernis d'honnêteté et de vertu à la lutte
inséparable de la vie et qui divise les hommes sur
tous les terrains malgré la fraternité humaine... La
morale a fait faillite et elle ne s'en relèvera que pour
les imbéciles... La notion de droit est une notion

trompeuse et la guerre actuelle le montre suffisamment : il n'y a de droit que celui que l'on peut, à chaque instant, défendre par la force. »

Ce que je viens de dire de la morale fait aisément prévoir ce que sera la *sociologie* dans cette même doctrine transformiste-moniste de Le Dantec.

La loi humaine étant la loi universelle de lutte, de bataille et de concurrence qui gouverne les autres êtres vivants et tous les corps inanimés, nous ne devons trouver d'entr'aide et de solidarité dans les sociétés humaines que strictement dans le but étroit de la conservation de l'espèce ; en dehors de cette période et de cette fonction, on ne doit voir dans les sociétés humaines que lutte, règne de la force, peur mutuelle... C'est en effet ce qui fait le fond de la doctrine sociologique de Le Dantec et de son École.

Pour mieux dire, la sociologie à laquelle on aboutit avec ces principes monistes est tellement antisociale que c'est en réalité la négation de la sociologie, comme nous avons vu tout à l'heure que la morale moniste est la négation même de la morale.

Le Dantec le reconnaît : « Vous aviez sans doute espéré, dit-il dans *Science et Conscience*, et j'avoue avoir également caressé cet espoir, que la solution des questions de biologie générale arriverait à nous dicter des règles sociologiques sur lesquelles tout le monde serait forcé de tomber d'accord. De cela il faut faire notre deuil. La biologie nous aura aidé à détruire quelques erreurs dangereuses... », c'est-à-dire que la science transformiste-moniste détruit la sociologie ancienne, classique, de bon sens, sur laquelle l'humanité vit depuis des siècles.

Cette doctrine sociologique antisociale est surtout exposée dans un volume, déjà cité, dont le titre et l'épigraphe sont tout un programme : L'ÉGOÏSME SEULE BASE DE TOUTE SOCIÉTÉ *Étude des déformations résultant de la vie en commun*, et : « Si l'égoïsme est la base de notre édifice social, l'hypocrisie en est la clef de voûte ».

« J'ai voulu tout tirer de la biologie, dit-il dans la Préface. Or, la biologie, science objective, ne nous enseigne que la lutte et la sélection résultant de la lutte... Quoique les conditions dans lesquelles nous vivons soient des conditions sociales, notre vie reste, malgré tout, individuelle et, par conséquent, égoïste... Nous admirons, parce qu'ils sont rares, les échantillons de l'espèce humaine dans lesquels les qualités sociales luttent victorieusement, sans qu'ils aient besoin de recourir à l'hypocrisie, contre l'égoïsme et la férocité primitives. Nous nous sommes même proposé un idéal transcendant, qui serait revêtu de toutes les vertus sociales et dépourvu de toutes les nécessités individuelles. Jésus nous a dessiné ce type idéal de bonté, de charité, de fraternité et d'amour et, après vingt siècles, nous le poursuivons encore. En voyant combien il est éloigné de la réalité, nous aurions pu nous demander si cet idéal était viable et si l'homme selon le cœur de Jésus-Christ est capable de se multiplier sur la terre. La biologie nous apprend qu'il ne le peut pas, puisque la vie est une lutte... La seule définition que la biologie puisse donner des droits de chaque individu est de déclarer que les droits de chacun sont en rapport avec sa capacité de nuire... Pour le biologiste, l'exposé des droits de l'homme revient à dire à un groupe d'individus : vous êtes plus forts que ceux qui vous oppriment ; unissez-vous et vous les opprimerez à votre tour jusqu'à ce que la désunion se mette parmi vous. Les hommes se laisseront volontiers convaincre et l'humanité sera le siège de luttes perpétuelles ; les richesses changeront souvent de mains jusqu'au jour où la source des richesses sera tarie pour l'humanité désunie. Au fond, je ne vois pas au nom de quel principe on pourrait regretter un tel événement. »

Si l'on compare les deux termes extrêmes de la série, l'être vivant unicellulaire et l'homme, on voit qu'il y a entre eux, non une différence fondamentale, mais une différence de degrés.

« La vie étant une lutte, je me plais à rapprocher de l'idée de lutte l'idée de société... Je n'hésite pas à considérer l'existence d'un ennemi commun comme une nécessité de premier ordre pour la fondation d'une société. »

La famille est la première ébauche des sociétés dans les espèces sociales. Un des éléments constitutifs est le suivant : les enfants étant petits ne sont pas dangereux pour les parents ; « sachant qu'ils pourront le devenir plus tard, quand ils seront grands, les parents ont intérêt à s'en faire des alliés... Le père était chef par sa force individuelle et reste chef par habitude quand ses fils sont devenus grands. Les fils, qui ont obéi étant jeunes, continuent, par habitude, d'obéir à leur père devenu vieux et infirme ; mais en obéissant à leur père, ils se souviennent que l'obéissance

au père est une habitude nécessaire ; ils s'en souviennent quand, devenus pères à leur tour, ils protègent
de jeunes enfants qu'ils élèvent pour en faire plus tard
des associés ; et, peu à peu... il devient entendu que
les fils obéissent à leur père et que le père est le chef
de la famille... Ces rapides considérations sur la vie
familiale sont comme un raccourci de toute l'histoire
de la vie en société. »

« Pour être associés, les membres d'une famille
n'en sont pas moins des individus distincts, donc des
concurrents, des antagonistes, des ennemis. »

« Nous avons le droit de répéter, pour les associations de familles, le raisonnement auquel nous avons
été conduits pour les associations d'individus humains ; c'est l'appréciation, dans une famille voisine
d'une capacité de nuire supérieure à celle de tous les
autres ennemis possibles qui a amené une famille
humaine donnée à respecter dans cette famille voisine,
un antagoniste redoutable, jusqu'au jour, bien entendu, où cette famille voisine donnait des signes
évidents d'infériorité ».

Ainsi se sont formés des clans, des associations de
familles humaines basées sur le respect réciproque
d'égales capacités de nuire, mais qui n'empêchent
pas l'antagonisme d'exister entre les familles asso-
ciées, comme il existe entre les membres d'une
même famille... Puis les nations se sont formées sur
les mêmes principes.

« Si vous prenez tous les hommes ensemble, à partir du moment où, ayant conquis le monde sur les
autres espèces animales, ils se sont multipliés suffisamment pour commencer à se sentir à l'étroit sur

le patrimoine limité de notre planète, vous ne pour-
rez plus trouver en eux que des *concurrents* et non des
associés ; n'ayant pas d'ennemi commun en dehors
d'eux, ils sont forcés de se battre entre eux et les plus
forts mangent les plus petits. »

C'est par des déformations individuelles ultérieures que s'est développé l'homme social : « un individu, soumis longtemps à la vie sociale, s'y habituera,
s'il n'en meurt pas; il subira des transformations qui
en feront un animal social ».

« En cherchant à la base de nos sentiments les plus
éthérés et les plus sublimes, nous trouvons toujours
une convention sociale basée sur l'intérêt individuel, et
cela est tout naturel, puisque la vie est une lutte et que
l'égoïsme est inséparable de notre instinct de conservation. Un véritable altruiste mourrait incontinent. »

Dans un autre livre déjà cité, interviewé sur la
« bande à Bonnot », Le Dantec dit : Ces bandits « ont
appliqué la loi du plus fort dans trois ou quatre circonstances où ils s'étaient ménagé des chances de se
trouver les plus forts. La société leur a appliqué la
même loi, dès qu'elle a été tirée de sa torpeur quiète.
La loi du plus fort est la seule loi biologique. Ce qui est
regrettable, ce n'est pas que je l'aie dit — après
bien d'autres; il est fâcheux surtout que ce soit vrai ;
mais je n'y puis rien ! »

Et plus loin dans le même volume : « Celui qui a
réussi a réussi ; donc il était le plus fort ou le plus apte,
si vous préférez ; seulement il ne faut définir le plus
apte qu'après coup ; c'est celui qui a réussi. Et ainsi
les principes énoncés par Darwin et Spencer se rédui-
sent à une vérité de La Palisse. »

Enfin, dans son dernier livre *Savoir* :« Les découvertes scientifiques contredisent les principes (??)
sur lesquels la société humaine repose depuis des
siècles et que la guerre actuelle a réduits à néant en
montrant que, dans les grandes occasions, tout le
monde s'incline devant le droit du plus fort... Il est
bien sûr que, pour employer la formule si chère à
Darwin et que M. de La Palisse avait inventée avant
lui, ce seront les vainqueurs qui l'emporteront. Quand
le canon parle, la morale se tait. Il ne s'agit plus de
savoir quelle est la bonne cause, quelle est la mauvaise. Les armes décideront et *le bon droit sera du
côté du vainqueur.* »

Il m'a paru que pour faire un exposé complet du
dogme transformiste-moniste, et avant d'en commencer la discussion, il était bon de présenter ces
conclusions très logiquement déduites des principes
darwiniens par Le Dantec, qui poussait ses déductions
jusqu'au bout sans se laisser préoccuper par les reproches
que ses amis pourraient lui faire et en constatant lui-
même son isolement dans ses conclusions doctrinales.

« L'on s'aperçoit un jour, dit-il, qu'on est seul,
dans des régions où la raison, dépourvue de tout
appui, risque de sombrer. » Il n'a laissé debout rien
de ce qu'on croyait, de ce qu'on aimait ; il a sapé
l'édifice des siècles. Les vieilles doctrines se sont
évanouies sans résistance et, « nous qui les combat-
tions, nous éprouvons un grand trouble de ce qu'elles
se sont évanouies trop complètement, plus complètement que nous ne l'avions prévu ou souhaité. Notre
victoire nous effraie. »

7

Mais « la Science objective est sans pitié, sans entrailles, elle dissèque tout et ne connaît pas la beauté». On est obligé de la suivre jusque dans ses déductions ultimes.

En vain un instituteur écrit à Le Dantec : « Vous êtes, monsieur, un de ces libres-penseurs qui tirent sur leurs propres troupes ». — Il continue à penser librement sans être inféodé aux autres hommes qui pensent librement.

Il a eu tout le monde contre lui, mais il a « continué avec la certitude absolue que l'on peut aller jusqu'au bout avec la même méthode que dans les sciences physiques... Et je suis devenu de plus en plus sûr, de plus en plus ferme dans mes convictions scientifiques, à mesure que je parcourais le chemin que je m'étais tracé. »

Une pareille loyauté et une telle indépendance d'esprit, jointes chez le même homme à une compétence scientifique de biologiste incontestable, méritent à son œuvre une attention toute particulière.

CHAPITRE IV

LES DOCTRINES PHILOSOPHIQUES BASÉES SUR LA SCIENCE TRANSFORMISTE ET MONISTE

1. La méthode : objective, subjective. — 2. L'acte vital la génération spontanée. — 3. L'acte psychique, l'acte réflexe. — 4. L'acte moral et l'acte social.

———————

J'ai naturellement adopté jusqu'à présent l'ordre historique et chronologique pour exposer l'apparition des idées transformistes, puis leur extension progressive et leur constitution en doctrines de plus en plus envahissantes et générales jusqu'à la formation d'une doctrine philosophique complète, destinée à remplacer toutes les philosophies antérieures.

Arrivé au terme de cet exposé et avant de passer à la discussion de ces idées et de ces doctrines, je crois bon et opportun de résumer synthétiquement et rapidement ces doctrines philosophiques basées sur la science transformiste et moniste, en suivant, cette fois, non plus l'ordre historique et chronologique, mais l'ordre philosophique lui-même.

Ce sera une excellente transition entre la première partie (exposé) et la seconde partie (critique) de ce

livre, puisque, sans cesser d'être un exposé sans discussion en règle, ce chapitre montrera le contraste qu'il
y a entre cette philosophie transformiste-moniste et
la philosophie courante, classique, de bon sens ; il
montrera même, si je ne m'abuse, que cette philosophie transformiste-moniste est en réalité la négation
de la philosophie, c'est-à-dire que les idées nouvelles
transformistes-monistes ont ruiné, détruit et renversé
les philosophies antérieures, sans réussir à les remplacer par une doctrine philosophique nouvelle
viable.

I. — LA MÉTHODE : OBJECTIVE, SUBJECTIVE.

Une doctrine philosophique est tout d'abord caractérisée et définie par sa méthode.

La philosophie nouvelle basée sur le dogme transformiste-moniste ne peut naturellement adopter que
la méthode scientifique, c'est-à-dire la méthode positive et expérimentale. Rien de plus juste. La philosophie nouvelle doit être une philosophie scientifique,
basée sur la science et dérivée de la science. Elle
répond ainsi à une aspiration très répandue aujour-
d'hui et très légitime. Devant l'effondrement des
autres autorités, traditionnelles et séculaires, la
science est restée la seule idole souveraine, indiscutée,
et par conséquent on comprend qu'on veuille édifier
une philosophie sur la science, avec les méthodes de
la science. Nous avons vu Le Dantec dire qu'il n'y a
qu'une vérité, la vérité scientifique ; on ne peut donc
construire une doctrine philosophique qu'avec cette
vérité.

Donc, la philosophie transformiste-moniste emploie exclusivement la méthode scientifique, positive et expérimentale. Jusque-là rien de plus juste. Seulement les néophilosophes ajoutent immédiatement : cette méthode scientifique est nécessairement, toujours et exclusivement, *objective*.

Alors paraissent immédiatement des plaisanteries anodines sur la méthode subjective et ceux qui l'emploient : les subjectivistes sont comme les fakirs qui contemplent leur nombril ; ils peuvent trouver et croire observer en eux-mêmes tout ce qu'ils veulent, aucun savant ne les contredira, parce que le savant n'admet que l'objectif et ne discute même pas le subjectif. Les subjectivistes font de l'anthroporentrisme perpétuel et par conséquent ils ne font pas de la science.

Il est certain — pour parler et discuter sérieusement — que dans la doctrine moniste, comme l'univers tout entier est soumis aux même lois, doit être étudié dans sa totalité, comme l'homme, dans cette hypothèse, n'est qu'une infime partie de cet univers, la méthode objective est nécessaire et il serait puéril et ridicule de vouloir étudier tous les animaux, toutes les plantes et tous les corps bruts à travers l'homme et par l'homme, c'est-à-dire subjectivement.

Mais si cela prouve que la méthode objective est nécessaire pour cette étude universelle, cela ne prouve pas qu'elle soit suffisante. On a beau vouloir noyer l'homme dans la masse des autres êtres vivants et de l'univers entier, il n'en est pas moins une partie importante, — partie spécialement importante quand on veut faire non de l'histoire naturelle mais de la philosophie.

Tant que le transformisme a été ce qu'il était au début, un chapitre d'histoire naturelle comme dans l'œuvre de Darwin, la méthode objective suffisait amplement et l'on comprend Darwin n'employant que la méthode objective pour établir ses découvertes expérimentales, point de départ de tout le reste.

Mais quand on a étendu les résultats obstenus à des déductions générales sur l'évolution de l'individu, l'évolution de l'espèce, l'évolution d'une espèce à l'autre, l'évolution du caillou à l'être vivant et de l'amibe à l'homme ; quand on a voulu étudier et caractériser l'homme, non plus seulement dans ses origines lointaines et préhumaines, mais encore dans son essence et sa nature actuelles ; quand on a voulu apporter les idées transformistes et monistes dans l'analyse du psychisme humain, — l'observation extra-humaine passe au second plan ; c'est l'observation de l'homme qu'il faut utiliser, et, dans l'observation de l'homme, l'auto-observation, c'est-à-dire la méthode subjective, joue un grand rôle et un rôle extrêmement utile.

On a objecté : Comment peut-on concevoir qu'un même individu soit sujet et objet, observant et observé? — D'abord je ne vois là aucune impossibilité logique, même si on prend l'individu dans son unité complète et absolue. Mais la difficulté disparaît encore plus si on se place au point de vue physiologique et scientifique : les neurones qui constituent le système nerveux psychique et forment l'unité de l'individu sont en très grand nombre et on conçoit que les actes de certains neurones soient observés par d'autres et réciproquement.

Entre les divers étages et groupements de neurones et entre les neurones d'un même groupe il y a des relations incessantes dans tous les sens, des actions et des réactions mutuelles. Certains neurones sont les agents et les organes de la conscience ; ils peuvent bien prendre conscience des actes psychiques des autres neurones du même individu, comme ils prennent conscience des sensations, des impressions qui arrivent perpétuellement au cerveau, soit de l'extérieur, soit des parties plus ou moins éloignées du corps.

Tout cela est possible et existe : nous nous observons nous-même ; nous constatons en nous les principes universels et absolus des idées morales ; nous avons conscience de notre liberté et nous ne pouvons bien l'étudier qu'en nous-mêmes. Avant tout, nous avons conscience de notre existence ; l'intuition du *Cogito* cartésien est à la base de toutes nos connaissances, c'est-à-dire de toute science. Nous ne connaissons ensuite le monde extérieur que par les impressions qu'il produit sur nous et les réactions qu'il provoque en nous. C'est en nous en quelque sorte que nous observons le monde extérieur, de sorte que la méthode subjective d'observation et d'étude est chronologiquement et logiquement antérieure à la méthode objective : la méthode objective ne se suffit pas ; la méthode subjective est la condition de ses premières applications. Elle est aussi la condition de ses applications ultérieures.

Nous verrons dans la seconde partie (chapitre VIII) que, constamment dans l'observation scientifique, positive et expérimentale, bien conduite, les deux méthodes objective et subjective se conditionnent et s'appellent mutuellement, s'intriquent constamment et se complètent.

On comprend bien que je ne veux naturellement pas supprimer la méthode objective et n'admettre que la méthode subjective. Ce serait absurde et anti-scientifique. Je dis — et je crois pouvoir maintenir — que les deux modes d'observation — objectif et sub-jectif — se complètent nécessairement et que c'est uniquement par l'emploi simultané de ces deux modes d'observation que l'on fait donner à la méthode scientifique, positive et expérimentale, tout ce qu'elle peut réellement donner — et donne — pour l'édi-fication d'une philosophie scientifique.

En n'acceptant que la méthode objective, la philo-sophie basée sur le transformisme-monisme décapite la méthode philosophique, rend impossible la construc-tion d'une doctrine philosophique complète et vraie.

Les néophilosophes transformistes-monistes ont fait une autre objection à la méthode subjective, en faveur de l'emploi exclusif de la méthode objective : Si on veut faire de la science positive vraie et exclusive, il ne faut, disent-ils, employer que des procédés d'explo-ration qui entraînent et utilisent la *mesure* : c'est le seul contrôle de nos sens et de leur véracité. Tout ce qui n'est pas susceptible de mesure n'est pas susceptible de connaissance scientifique, est incon-naissable et ne peut pas être analysé et étudié positive-ment.

Et alors on étudie les émotions avec et par les réac-tions motrices, vaso-motrices et sécrétoires que l'on

mesure et que l'on enregistre avec les tambours de
Marey. Certes c'est là une étude fort intéressante
qui complète très utilement l'analyse de l'émotion.
Mais ce ne sont là que des phénomènes parapsychiques qui expriment et manifestent le phénomène
psychique, mais ne le remplacent pas et ne le constituent
pas.

Même avec les idées de William James et de Lange,
même si ces phénomènes parapsychiques sont primitifs et engendrent l'émotion, — ce que je ne crois
pas, — même dans ces cas, — si on est triste parce
qu'on pleure, — le phénomène émotionnel, intrapsychique, n'en existe pas moins en dehors des
phénomènes extériorisés dont je viens de parler. La
preuve en est qu'il n'y a aucun rapport spécifique
entre chaque émotion bien caractérisée et les phénomènes parapsychiques correspondants : on tremble
et on sue de peur comme d'admiration...

L'étude des phénomènes psychiques est donc
nécessaire en dehors des phénomènes que l'on mesure.
On sait les efforts inutiles que des hommes de haute
valeur ont faits pour fonder la psychophysique et
montrer, par exemple, que les sensations croissent en
progression géométrique quand les excitants provo-
cateurs croissent en progression arithmétique. On a
bien démontré à cette occasion que les sensations
ne diffèrent pas par leur degré et leur intensité, mais
varient surtout en qualité...

Je n'insiste pas, ayant développé ces diverses idées
ailleurs. Mais je retiens que la méthode scientifique
ne doit pas employer uniquement les procédés com-
portant une mesure ; le phénomène psychique ou

intrapsychique doit être étudié et analyséen lui-
même, et cette étude ne peut pas être faite par la seule
observation objective ; il faut nécessairement combi-
ner les deux modes d'observation : objective et
subjective.

2. — L'ACTE VITAL.

Scientifiquement, la doctrine transformiste-moniste
est tout entière basée sur ce principe — que l'on
déclare établi par la science positive — que tous les
corps de la nature, depuis le calcium du caillou jusqu'à
l'homme, peuvent et doivent être rangés en une vaste
série, dont chacun des divers termes est très voisin
de celui qui le précède et de celui qui le suit ; ces divers
termes évoluent non seulement dans leur histoire
individuelle, mais encore d'un terme à l'autre ; nulle
part dans la série il y n'a d'hiatus infranchissable, inaccessible à l'évolution ; nulle part il n'y a entre deux
termes voisins et conséçutifs différence de nature ;
partout il n'y a que des différences de degré ; à aucun point de l'échelle les termes consécutifs ne sont
plus séparés l'un de l'autre que dans un autre point.

Par conséquent — et ceci est absolument nécessaire
dans la doctrine — le monde vivant n'est pas plus
séparé du monde inanimé que les divers corps inanimés ou les divers êtres vivants ne sont séparés les
uns des autres : il n'y a pas plus d'hiatus infranchissable
entre le monde inanimé et le monde vivant qu'entre
un cristal et un sel amorphe, qu'entre un animal
et une plante, voire même qu'entre deux animaux
ou entre deux plantes d'espèces voisines ou de la
même espèce.

Dès lors, il y a eu à l'origine des êtres et il doit y avoir tous les jours encore (puisque ce grand processus de l'évolution universelle est la loi toujours existante et actuelle de l'univers), passage naturel, tout simple, spontané de la matière inanimée à l'être vivant. En prenant le mot *spontané* dans ce sens que le processus n'a d'autre cause que la loi universelle d'évolution, on doit dire que la *génération spontanée* a existé de tout temps (depuis qu'il y a des êtres vivants sur la terre) et qu'elle existe encore sur une très grande échelle dans le monde actuel, puisqu'il n'y a aucune raison de supprimer cet échelon (de l'inanimé au vivant) dans le grand mouvement évolutionniste qui entraîne l'univers tout entier, aujourd'hui comme autrefois, comme toujours.

Or, la science positive contemporaine non seulement ne confirme pas ce fait expérimental de la génération spontanée, mais encore conclut tous les jours plus énergiquement *contre* la génération spontanée et la nie nettement. Admise par les anciens, même pour certains animaux élevés comme les poissons (Aristote) ou les souris (van Helmont), réfutée successivement pour les espèces situées de plus en plus bas dans l'échelle, la génération spontanée a été définitivement démontrée inexistante par mon maître Béchamp et par Pasteur, pour les microorganismes chez lesquels cette doctrine s'était réfugiée.

Récemment, diverses expériences ont ramené l'attention sur la même question et essayé d'établir la possibilité de la *génération artificielle* ou *provoquée* de la matière vivante avec de la matière brute (Stéphane Leduc, Charlton Bastian).

Gaston Bonnier et d'autres ont soumis les expériences de Leduc à une critique très serrée et conclu « qu'il n'y a entre les précipités chimiques de Leduc et les plantes vivantes aucune assimilation possible».

Maumus a repris plus récemment la réfutation expérimentale complète des expériences de Bastian et a conclu nettement que « la vie n'est pas la résultante·d'affinités chimiques toujours faciles à réaliser au laboratoire et que les recherches de Bastian, loin d'apporter un argument nouveau à l'hypothèse des générations spontanées, ne font que confirmer le philosophe ou le biologiste dans la certitude qu'à la ba_e du phénomène si complexe de la vie il faut toujours placer un acte créateur ».

La loi, formulée par les anciens et reprise par Pasteur, reste vraie : tout être vivant, quelque simple qu'il soit, provient d'un être vivant qui a existé avant lui ; c'est-à-dire : la naissance d'un autre être vivant, précédent, reste un caractère essentiel de l'individu vivant.

Il y a là un fait curieux : alors que pour élargir la notion d'espèce, pour abaisser les barrières qui séparent les espèces voisines, la science positive a multiplié les preuves expérimentales; alors qu'on arrive en chimie à produire par synthèse directe et totale les corps les plus compliqués et les plus semblables à la matière vivante ; alors qu'on arrive à reproduire artificiellement la plupart des processus que la nature emploie dans son évolution, — pour le passage du monde inorganique au monde vivant, il en est tout autrement : *avec de la matière inerte on n'a jamais pu faire la moindre particule de protoplasma vivant ;*

en rangeant tous les corps de l'univers en une seule
série continue comme le veut la doctrine transformiste-
moniste, si on veut rester sur le terrain positif de la
science expérimentale, on est obligé de mettre entre
les termes les plus élevés du monde inorganique et
les termes les plus inférieurs du monde vivant, un
véritable hiatus, une distance infranchissable tout à fait
différente de la distance qui sépare, l'un de l'autre, deux
êtres vivants ou deux corps inanimés.

Comme la doctrine tout entière est attachée à la
sériation complète des corps de l'univers, comme une
coupure nette en un point quelconque de la série
suffit à ruiner tout l'édifice, voilà un argument scientifique, qui non seulement ne collabore pas et n'étaie
pas la doctrine transformiste-moniste, mais qui encore
l'ébranle fortement, s'il ne la renverse pas complètement.

Cette grosse difficulté ne pouvait pas ne pas frapper
et arrêter les grands pronateurs de la doctrine transformiste-moniste : dans les résumés donnés plus haut
des initiateurs de la doctrine, nous avons vu poindre
l'embarras : il est impossible d'admettre la génération
spontanée dans l'état actuel de la science contemporaine — et il est impossible de concevoir l'évolution
générale comme loi de l'univers sans la génération
spontanée.

Cette difficulté apparaît surtout grave aux auteurs
contemporains ; elle devient de plus en plus gênante
si l'on enregistre les données les plus récentes de la
science positive actuelle. Ainsi pour Lamarck la
difficulté n'existe pas : il n'est pas gêné par l'état

de la science positive à son époque ; il reste dans la logique de sa doctrine et admet la génération spontanée.

A Darwin le problème apparaît plus ardu et plus difficile à résoudre. Aussi se dérobe-t-il. Il se préoccupe surtout de rapprocher l'homme des autres animaux et de tous les êtres vivants, beaucoup plus que d'insister sur le passage du monde inorganique au monde vivant. J'ai cité plus haut des passages très nets à ce point de vue.

Charles Darwin s'occupe à peu près exclusivement du monde vivant (végétaux et animaux) et pas du tout du passage du monde inorganique au monde vivant ; j'ai déjà cité cette phrase de *l'origine des espèces* : « Je dois déclarer d'abord que je ne prétends point rechercher l'origine première des facultés mentales des êtres vivants, pas plus que *l'Origine de la vie elle-même.* » Il considère cependant l'extension de la doctrine évolutionniste à l'univers tout entier comme une connaissance qui sera établie plus tard : il y a donc eu et il y a un passage spontané — par la seule loi naturelle de l'évolution — du monde inanimé au monde vivant. N'est-ce pas la génération spontanée ?

Dans *la Descendance de l'homme*, il classe encore ces questions dans les « problèmes réservés à une époque future encore bien éloignée, si toutefois l'homme parvient jamais à les résoudre ». Dans le même ouvrage, il déclare que « l'organisme le plus humble est encore quelque chose de bien supérieur à la poussière inorganique que nous foulons aux pieds ». Comme conclusion Darwin déclare admettre que vraisemblablement tous les êtres organisés, ayant vécu sur la terre, descendent d'une forme primitive quelconque, que *le Créateur a animée du souffle de la vie* ».

Haeckel formule la doctrine moniste avec plus de netteté et de rigueur et arrive ainsi à la conviction extrêmement importante que *tous les corps connus de la nature sont également animés* et que l'opposition jadis établie entre le monde des corps vivants et celui des corps morts n'existe pas ; la gravitation, la cristallisation sont des phénomènes du même ordre que la floraison des plantes, la multiplication ou l'activité consciente des animaux, la sensibilité ou l'entendement de l'homme.

Le problème de la génération spontanée est résolu par l'affirmative ; le phénomène vital n'existe plus comme phénomène distinct. Haeckel reconnaît cependant que « jusqu'ici » aucune des formes de la génération spontanée n'a été observée« directement et incontestablement ». Mais rien ne démontre l'impossibilité de ce phénomène « nécessaire » de la génération spontanée.

Voilà un raisonnement peu scientifique. Le passage du monde inorganique au monde vivant reste un point obscur, difficile, capital, que la science transformiste-moniste ne résout pas, qui arrête même et contredit la science transformiste-moniste. Car si la science contemporaine représente la seule vérité existante, c'est pour l'inexistence de la génération spontanée qu'elle se prononce. Or, dire que la science nie la génération spontanée, c'est dire que la science répudie toute la doctrine évolutionnniste, transformiste et moniste : on ne peut plus aller du caillou à l'homme, puisqu'on ne peut pas seulement passer du caillou à l'amibe.

L'embarras d'Herbert Spencer estt outaussi grand. J'ai déjà longuement résumé plus haut l'appendice que ce philosophe consacre, dans le premier volume de ses *Principes de biologie*, à cette question de la « prétendue » génération spontanée.

Il ne croit pas, dit-il, à la génération spontanée, telle qu'on l'admet communément ; il n'admet pas que des êtres « ayant des structures tout à fait spécifiques se développent dans le cours de quelques heures sans antécédents capables de déterminer leurs formes spécifiques ». — Mais pour démontrer la génération spontanée il n'est pas nécessaire de voir se développer *dans le cours de quelques heures* des êtres vivants avancés *à structure* compliquée ; il suffit, d'une manière quelconque, dans un temps quelconque, de voir, au sein d'un milieu inerte, un être vivant, quelque simple qu'il soit, un peu de protosplama vivant, une amibe, une cellule vivante, formée de toutes pièces avec des corps inertes.

Après avoir nié la génération spontanée « telle qu'on l'admet communément », Herbert Spencer est bien obligé d'admettre et d'expliquer d'une manière quelconque le passage, dans l'échelle évolutionniste, du monde inorganique au monde vivant.

« L'idée même de spontanéité, dit-il, est complètement incompatible avec celle d'évolution. » — Il ne faut pas jouer sur les mots : l'idée de spontanéité absolue est incompatible non pas seulement avec l'évolutionnisme, mais avec toute science positive et par suite avec toute philosophie basée sur la science.

Quand on discute la génération spontanée, on ne discute jamais la possibilité de voir naître un être vivant *de rien* ; il s'agit de savoir si un être vivant peut naître dans un milieu où il n'y a aucun autre être vivant, mais où il y a des éléments physico-chimiques inanimés.

Donc, quand Herbert Spencer ajoute : « aucune forme de l'évolution organique ou inorganique ne saurait être spontanée », il n'apporte aucune solution utile à la question de la génération spontanée dans un sens ou dans un autre ; la question reste entière de savoir comment Spencer admet et explique le passage du monde inorganique au monde organique dans l'univers évoluant.

Abordant enfin la question elle-même, Spencer la résout dans le passage suivant que j'ai déjà indiqué et que je trouve peu clair.

« L'évolution des formes organiques doit, comme toute autre évolution organique, avoir été le résultat des actions et des réactions entre ces types de début et leurs milieux et aussi de la survie continuelle de ceux auxquels il est arrivé de posséder des particularités les mieux appropriées aux particularités de leurs milieux. » — Parfaitement. Mais comment se développent ces « types de début », ces types qui survivent ? De la substance inerte à la substance vivante y a-t-il les mêmes actions et réactions que d'une substance vivante à une autre substance vivante ? Mais alors, c'est ce que l'on appelle « communément » la génération spontanée et ce que Spencer a nié tout à l'heure. S'il y a des processus différents et spéciaux pour cette transition-là, quels sont-ils ?

8

Spencer continue : il a fallu un temps énorme pour arriver par ce procédé aux formes comparativement bien caractérisées des infusoires ordinaires. — Nous avons déjà concédé la question de temps, qui ne résout pas la question et ne supprime pas la difficulté. D'ailleurs, dans l'esprit de Spencer et de toute son École, l'évolution n'est pas seulement la loi des origines, d'autrefois ; c'est la loi dominatrice, constante, de l'univers actuel ; donc, le passage du monde inorganique au monde organique devrait s'effectuer encore tous les jours ; nous devrions pouvoir observer ces formes vivantes de transition, moins développées que celles que nous connaissons. En fait, il n'en est rien. Nous perdons pied complètement au point de vue scientifique positif.

« Admettant, dit encore Herbert Spencer, que la formation de la matière organique et l'évolution de la vie dans ses formes inférieures peuvent s'opérer sous les conditions cosmiques existantes, mais croyant bien plus probable que la formation de cette matière et de ces formes a eu lieu à une époque où la chaleur de la surface terrestre... » — La question reste toujours entière : cette partie de l'évolution n'est-elle plus réalisée actuellement, si elle est réalisée, comment la science n'arrive-t-elle pas à en saisir le mécanisme et pourquoi s'obstine-t-elle à nier de plus en plus énergiquement la génération spontanée, c'est-à-dire le passage de l'inorganique à l'organique.

« La conception d'un *premier organisme* au sens ordinaire des mots est complètement en désaccord avec la conception de l'évolution... Les êtres vivants les plus inférieurs ne sont pas à proprement parler

des organismes... C'est presque ... 1 abus de langage
que de les appeler formes de la vie ». — Si ce ne sont
pas des formes de la vie, laissons-les dans le monde
inorganique et prenons d'autres types : sous un nom ou
un autre, il y a dans la série des monistes des êtres
vivants et des corps inorganiques. Comment se fait
le passage de l'un à l'autre ? La question reste entière
et constitue toujours un argument très grave contre
l'évolutionnisme déduit du dogme transformiste-
moniste.

Herbert Spencer nie « le commencement absolu de
la vie organique sur le globe... L'affirmation de l'évolution universelle est en elle-même la négation de
l'absolu commencement de quoi que ce soit... La
substance organique n'a pas été produite tout d'un
coup, mais peu à peu... »

Laissons ce mot « absolu » qui complique encore
la question. L'affirmation de l'évolution universelle
entraîne nécessairement, autrefois et aujourd'hui, le
passage de l'inorganique au vivant. Dans la série il y
a donc bien un commencement du vivant... Or, scientifiquement il est actuellement impossible de concevoir ce passage... Donc, à ce point de vue, non seulement l'évolutionnisme n'est pas démontré par la
science, mais encore il est démenti et déclaré impossible par elle.

Le Dantec a bien vu, lui aussi, la difficulté et l'objection ; mais cela ne l'empêche pas d'admettre le chaî-
non qui relie l'inorganique à l'organique : « entre la
vie et la mort la différence est de même ordre qu'entre un phénol et un sulfate, entre un corps électrisé

et un corps neutr. ;. On doit envisager l'évolution organique comme étant une suite naturelle de l'évolution inorganique. Toute la huitième partie des *Eléments de philosophie biologique* est consacrée à l'évolution dans la matière vivante et la matière brute; et la dixième partie à la formation des espèces et à l'apparition de la vie.

Le Dantec ne cherche donc pas à escamoter ou à dissimuler la question. Il comprend en même temps que cette doctrine philosophique implique nécessairement la génération spontanée et *il admet la génération spontanée*, beaucoup plus logique et loyal dans ses déductions que les auteurs cités plus haut.

Mais alors se présente l'objection des travaux scientifiques contemporains concluant tous contre l'existence de la génération spontanée. Il le reconnaît et attend la solution de la difficulté de la science ultérieure, mieux informée.

La vie, dit-il « a apparu à la surface de la terre dans des circonstances que les savants s'efforcent de reproduire dans les laboratoires ». Pasteur n'a pas démontré l'inutilité de ces efforts. Après ses expériences, « le problème de la synthèse d'un protoplasma vivant reste entier ». On arrivera, un jour, à fabriquer une cellule. Quand cette synthèse effective sera obtenue, « elle n'étonnera pas ; elle sera d'ailleurs parfaitement inutile ; car, avec les connaissances nouvellement acquises par les savants, il n'est plus nécessaire à un esprit éclairé de voir fabriquer du protoplasma pour être convaincu de l'absence de toute différence essentielle, de toute discontinuité absolue entre la matière vivante et la matiè-e brute ».

Nous qui soulignons constamment la logique parfaite et les raisonnements impeccables de Le Dantec, nous pouvons bien dire que nous ne retrouvons pas les mêmes qualités dans les dernières assertions du professeur de la Sorbonne. Nous qui voulons — comme lui — rester exclusivement dans le domaine scientifique et positif, nous déclarons au contraire que l'observation scientifique montre dans les êtres vivants des caractères spécifiques tels que l'on ne peut pas *a priori* affirmer la génération spontanée. Jusqu'à présent, l'*omne vivum ex vivo* est resté absolument vrai. Si un jour la science avertie me démontre la synthèse totale du protoplasma vivant avec des matériaux purement inanimés, j'accepterai naturellement le fait. *Mais il a besoin d'être démontré* et il ne l'a pas encore été. On peut même dire qu'il est contredit par toutes les plus récentes expériences conduites par les hommes les plus compétents.

En même temps, cette génération spontanée est indispensable pour faire tenir debout l'évolutionnisme transformiste-moniste. Alors... il y a là une fissure qui doit inspirer aux savants une grande réserve.

En somme, la doctrine de l'évolutionnisme transformiste-moniste exige la sériation continue de tous les corps de l'univers, depuis le caillou jusqu'à l'homme. Or, voilà un hiatus infranchissable ou tout au moins scientifiquement *infranchi* entre les formes inorganiques et les formes vivantes de l'univers.

Comme la généralisation des observations de Darwin à l'univers tout entier a la prétention d'être expérimentale et scientifique, on est bien obligé d'attacher une certaine importance à des objections *de fait* aussi graves.

Je peux conclure ce paragraphe en disant que la doctrine philosophique basée sur la science transformiste-moniste a — et donne — de l'acte vital une idée non conforme aux données les plus récentes de la science la mieux avertie.

3. — L'ACTE PSYCHIQUE ; L'ACTE RÉFLEXE.

J'ai répété déjà que l'idée fondamentale, essentielle, sur laquelle est construite toute la doctrine transformiste-moniste est l'idée de la sériation continue possible de tous les corps de l'univers. J'ai ajouté que, pour que ce principe soit applicable scientifiquement, il faut que tous ces divers termes de la série universelle ne varient que dans un sens, ne diffèrent les uns des autres que par la *quantité* d'un même caractère. Si la différence entre deux termes voisins ou consécutifs porte sur la *qualité* ou sur la *nature* de caractères multiples, on ne peut plus établir la sériation et l'évolution par le simple raisonnement ; il faut alors des preuves expérimentales nouvelles établissant que cet hiatus entre deux termes voisins est réellement franchi en fait par la nature ; la science doit établir positivement que ce passage évolutif existe et se fait naturellement d'un corps à l'autre.

Nous avons appliqué ces principes au passage évolutif de la série universelle du corps brut ou inorganique à l'être vivant. Nous avons rappelé — sans avoir eu besoin de la reproduire, parce que nous l'avions faite ailleurs (*la Biologie humaine*) — la dé-

monstration que les êtres vivants diffèrent des corps
bruts *qualitativement* et non pas seulement *quantita-
tivement,* que les caractères propres du monde vivant
sont d'une nature tout autre que les caractères des
corps bruts, que, par conséquent, pour appliquer à ce
point de la série la doctrine de la sériation universelle, il ne suffit pas d'affirmer, il faut *prouver scientifiquement* la génération spontanée naturelle, c'est-
à-dire le passage naturel possible d'un corps brut à un
être vivant.

Les partisans absolus de la doctrine évolutionniste évitent ou tournent la difficulté en niant cette
différence de nature entre les caractères spéciaux
de l'être vivant et les caractères propres du corps
inanimé ; et nous avons vu Haeckel dire que tous les
corps connus de la nature sont également animés,
que l'opposition, jadis établie, entre le monde des
corps vivants et celui des corps morts n'existe pas,
que la gravitation et la cristallisation sont des phénomènes du même ordre que la germination, la floraison des plantes ou la génération et l'activité consciente des animaux, la sensibilité ou l'entendement
de l'homme.

Tout cela serait à démontrer scientifiquement et
n'a pas été démontré par les transformistes-monistes.

Ce que je viens de répéter pour le phénomène vital
peut être redit pour le phénomène *psychique.* Entre
un être vivant présentant des phénomènes psychiques et le caillou qui n'en présente pas, on ne peut pas
dire qu'il y ait seulement différence de degré ou de
quantité d'un certain caractère. Le phénomène psy-

chique est quelque chose de nouveau, de spécial, qui
apparaît à un certain point de l'échelle sériée des corps
et dont l'évolutionnisme doit prouver scientifiquement le développement spontané ou naturel. Le
simple raisonnement inductif et généralisateur ne
suffit pas à établir que la nature fait, à un moment
donné, ce saut, comble ou franchit cet hiatus entre
ce qui pense et ce qui ne pense pas.

On peut s'en tirer — comme Haeckel le fait pour le
phénomène vital — par un raisonnement qui ressemble à une pirouette, et nier la différence entre
l'être pensant et l'être ne pensant pas, ou dire tout
simplement : au point de vue de la pensée comme pour
les autres phénomènes, il n'y a entre le caillou et
l'homme qu'une différence de degré.

C'est ce que font Diderot et Cabanis quand ils
disent : l'homme est une argile vivante et, d'autre
part, il est un être pensant ; comme il est impossible
de faire sortir ce qui pense de ce qui ne pense pas, il
faut donc que l'argile ait un rudiment de pensée. Ce
raisonnement n'a rien de scientifique ; il consiste à
supposer et à admettre les faits pour justifier et étayer
les doctrines, tandis que les doctrines doivent ressor-
tir de l'observation même des faits, être la conclusion
des faits scientifiquement observés.

Je ne dis pas que, *a priori* et d'une manière
absolue, l'arrangement ou la combinaison d'éléments ne puisse faire apparaître aucune activité
nouvelle, « qui serait hétérogène aux activités des
éléments composants ». Je ne nie pas définitivement
la possibilité de voir apparaître le vital et le psychique à un point quelconque de l'échelle des corps

de l'univers par les seuls procédés de la nature. Mais ce que je dis, c'est qu'il faut le prouver, l'établir scientifiquement, parce qu'un raisonnement généralisateur ordinaire ne suffit pas à le démontrer.

La question du passage spontané et naturel du non-psychique au psychique est, pour l'évolutionnisme, une difficulté aussi grande que celle du passage spontané et naturel de l'inanimé au vivant.

Pour le phénomène psychique, les évolutionnistes ont essayé de tourner cette difficulté grave en niant en quelque sorte le phénomène psychique, c'est-à-dire en le confondant avec l'acte réflexe, en refusant de séparer l'acte psychique de l'acte reflexe qui est plus facile à rattacher aux autres phénomènes nerveux que l'acte psychique lui-même.

C'est là une manière de voir que je crois erronée, mais qui mérite de nous arrêter, parce qu'elle a été — et est encore — soutenue par des hommes d'une haute valeur, soit parmi les philosophes, soit parmi les biologistes et les médecins.

Le système nerveux est l'appareil de l'énergie : il transmet, reçoit, transforme et émet l'énergie venue de l'extérieur sous les formes les plus diverses : chaleur, lumière, mouvement... Il transforme toutes ces formes en une seule, vitale, humaine, puis de nouveau l'émet sous les noms de mouvements, actes, pensées...

Comme structure, ce système nerveux peut-être ramené au neurone (qui en est l'élément physiologique essentiel) : cellules munies de prolongements, les uns cellulipètes, les autres cellulifuges ; ces neurones se groupent par zones, et correspondent fonction-

nellement entre eux, dans les deux sens, dans chaque étage et d'un étage à l'autre; cette action
mutuelle des divers groupes neuroniques étant, suivant les cas, dynamogène ou dynamofrénatrice,
stimulatrice ou inhibitrice...

Cela posé, les actes du système nerveux peuvent,
à un certain point de vue, être ramenés à deux actes
élémentaires : l'acte *réflexe* et l'acte *psychique*.

Dans l'acte reflexe — le sujet soulève par exemple
la jambe quand on frappe sur son tendon au-dessous
du genou — l'excitation centripète venue de l'extérieur jusqu'à un centre neuronique y est immédia-
diatement transformée en mouvement, acte visible
dont l'ordre est transmis à la périphérie et exécuté
sans que le sujet soit intervenu par la réflexion ou par
la volonté.

Dans l'acte psychique — par exemple celui que je
fais en écrivant cette page — l'action provocatrice de
l'excitation extérieure est bien moins nette comme
rapidité d'action et comme adaptation d'action.
Quelle est l'excitation centripète venue de l'extérieur
qui m'a déterminé à faire les actes nécessaires pour
écrire cette page ? C'est la vue du papier blanc, de la
plume et de l'encre, si l'on veut ; mais c'est encore
bien plus ma volonté personnelle qui, pensant avoir
quelques idées à exprimer a pris toutes les dispositions
pour que les conditions de l'exécution soient maté-
riellement assurées. Quand il y a une origine provocatrice extérieure à un acte psychique, il s'est écoulé
un tel temps entre la provocation et l'exécution et il
y a si peu de rapport entre l'acte provocateur et l'acte
provoqué que la filiation et l'ordre de cause à effet

entre les deux échappent à l'observateur et l'acte
paraît *spontané*.

Voilà un caractère souvent indiqué entre l'acte
réflexe et l'acte psychique : celui-ci est *spontané*,
tandis que celui-là est *provoqué*. — A cela on objecte :
il n'y a rien de spontané, au sens vrai du mot, dans
l'organisme humain, pas plus que dans un organisme
vivant quelconque ; tout est *transformation*, rien n'est
création ; on sait même les lois de ces transformations
de la force ; il faut que chaque mouvement fait par le
corps humain soit la transformation d'une autre
forme de mouvement ; le neurone ne peut pas créer de
la force ; l'acte psychique ne peut donc être, comme
l'acte réflexe, qu'un acte transformateur d'une
forme en une autre d'un mouvement extérieur.

A cela on doit répondre : il n'a jamais été question
de faire du neurone un organe créateur d'énergie ;
mais il ne faut pas dire non plus que toujours il transforme *immédiatement* et *intégralement* tout le mouvement reçu de l'extérieur ; il peut *emmagasiner* cette
énergie venue de l'extérieur et ne la dépenser sous la
forme psychique extérieure que le lendemain, huit
jours après ou un an après. L'acte psychique, ainsi considéré, n'est pas le moins du monde spontané absolu ;
il n'est pas créé de toutes pièces au moment de sa production ; il a utilisé pour se produire du mouvement
extérieur reçu antérieurement et emmagasiné. Il
est donc bien distinct de l'acte réflexe qui transforme
et utilise *instantanément* le mouvement extérieur.

Je ne crois pas avoir besoin d'insister pour montrer
la différence profonde qui sépare les actes réflexes et
les actes psychiques. Tout récemment encore on a

cependant voulu reprendre la question, assimiler le *psychique au réflexe cérébral* et trouver dans cette assimilation la formule de la mécanistique de la vie.

Il est certain qu'il y a des réflexes de degrés très divers et de complication très différente, suivant que leur centre est plus ou moins élevé dans l'échelle des groupements neuroniques, depuis le réflexe simple élémentaire (réflexe rotulien, réflexes viscéraux) et jusqu'aux réflexes compliqués dits de défense, dans lesquels le mouvement résultant de l'excitation extérieure est extrêmement complexe et bien adapté à un but fonctionnel de défense. Ces derniers réflexes compliqués ont leur centre de réflexion dans le cerveau (réflexes cérébraux), tandis que les premiers ont leurs centres dans la moelle ou les ganglions.

Mais l'acte réflexe cérébral le plus compliqué reste distinct de l'acte psychique : dans l'acte réflexe, même cérébral, la manifestation réactionnelle centrifuge suit toujours immédiatement l'excitation provocatrice centripète ; l'acte propre du centre neuronique est donc toujours très court, tandis que dans l'acte psychique l'activité propre du neurone psychique, seul élément provocateur du mouvement extérieur, est longue, prolongée, au point qu'on ne peut pas en préciser le début : elle s'enchaîne avec la vie psychique tout entière du sujet.

Dans ces dernières années, certains neurologistes éminents ont soutenu énergiquement cette confusion des réflexes cérébraux et des phénomènes psychiques et en ont fait le pivot de toute leur doctrine : tels sont Bechterew dans sa *Psychologie objective* et son traducteur Kostyleff dans son *Mécanisme cérébral de la pensée.*

Comme je l'ai montré ailleurs, il n'y a pas là une simple querelle de mots : c'est une question de doctrine. Pour établir cette confusion, ces auteurs s'appuient sur la sériation continue que j'ai déjà signalée de l'acte réflexe le plus simple à l'acte réflexe cérébral et de celui-ci à l'acte psychique, partant de ce principe que les termes extrêmes d'une série continue doivent être identifiés.

On rapproche ainsi et on identifie tous les phénomènes nerveux de l'homme, depuis le rotulien jusqu'à l'inspiration poétique et la conception artistique la plus élevée, — et au-dessous tous les phénomènes observés dans la série vivante de l'amibe à l'homme — et même tous les phénomènes observés dans l'univers tout entier, et on assimile ainsi l'acte moral humain le plus sublime à la chute d'un caillou ou aux vagues de la mer.

Ceci nous conduit à étudier ce que deviennent l'*acte moral* et l'*acte social* dans les doctrines philosophiques basées sur la science transformiste-moniste.

4. — L'ACTE MORAL ET L'ACTE SOCIAL.

Après tout ce que je viens de dire et de développer dans les deux paragraphes précédents, je crois inutile d'insister pour montrer que l'acte moral et l'acte social sombrent complètement, comme l'acte vital et l'acte psychique, dans l'océan confus de l'univers tout entier des autres êtres vivants et des corps inanimés, c'est-à-dire que la notion distincte et précisée de l'action morale et de l'action sociale équivart à la suppression de cette double notion qui est à 'a base de toute notre philosophie du bon sens et de toute l'organisaticn des sociétés humaines.

L'idée mère de toute philosophie basée sur la science transformiste-moniste est en effet — je l'ai répété plusieurs fois — l'idée de *l'unité* de nature et de lois pour tous, les corps de l'univers, du caillou à l'homme compris. Dès lors, entre les caractères et les facultés de l'homme et ceux du caillou, il peut y avoir — et il y a — des questions de degré, mais pas des différences de nature ; nous ne pouvons pas trouver chez l'homme des facultés qui n'existent pas du tout, à un degré réduit, chez tous les autres êtres vivants et chez tous les corps inanimés.

Dès lors, on ne peut pas plus parler de liberté et de responsabilité morale pour les actes des hommes que pour les mouvements de la plante ou du caillou ; il est aussi ridicule de blâmer ou de punir un acte humain que de vouloir punir ur végétal chétif qui pousse mal ou faire battre de verges la mer en courroux... De même, nous avons vu que la loi universelle du monde tout entier est la loi de la lutte et de la concurrence vitale. Si la doctrine moniste est vraie, cette loi doit être en même temps la loi des rapports entre hommes. Donc, toute société humaine est basée sur la loi de la lutte et de la guerre ; l'égoïsme et la capacité de nuire sont les seules bases de la constitution des sociétés humaines ; *homo homini lupus* ; il n'y a ni solidarité ni assistance sociale aux infirmes et aux inutiles...

Voilà les principes fondamentaux qu'on est obligé

d'inscrire en tête de la morale et de la sociologie dans toute doctrine philosophique basée sur le dogme transformiste et moniste — et, en fait, les partisans, convaincus et logiques jusqu'au bout, de l'évolutionnisme transformiste-moniste les ont inscrits en toutes lettres avec une absolue loyauté.

Or, ce sont là des principes contradictoires avec tous les principes traditionnels de la morale et de la sociologie. En morale et en sociologie, on discute ordinairement sur la responsabilité et l'irresponsabilité, le libre arbitre ou déterminisme humain, l'entr'aide sociale, la collaboration de tous et de chacun pour le progrès général de l'humanité, la solidarité, la charité, l'assistance sociale...

On peut donc dire, dès à présent, que dans une doctrine philosophique basée sur la science transformiste-moniste il n'y a place ni pour la morale ni pour la sociologie sous une forme quelconque. .

SECONDE PARTIE

La philosophie
basée sur la science sans intervention
du dogme transformiste-moniste

CHAPITRE V

CARACTÈRE HYPOTHÉTIQUE ET DISCUTABLE DES DOCTRINES TRANSFORMISTES-MONISTES EN GÉNÉRAL

1. Les faits observés et acquis depuis Lamarck et Darwin ; modifications apportées à la notion d'espèce. — 2. Les généralisations hypothétiques transformistes-monistes et évolutionnistes. — 3. Critique de l'argument embryologique des transformistes-monistes.

___

I. — LES FAITS OBSERVÉS ET ACQUIS DEPUIS LAMARCK ET DARWIN ; MODIFICATIONS APPORTÉES A LA NOTION D'ESPÈCE.

Le succès des faits observés et des idées émises par Charles Darwin a été si grand et si rapide qu'on n'a pas toujours soumis toutes les doctrines à un contrôle très sévère ; le point de départ des découvertes était si nettement scientifique et positif qu'on a accordé le caractère d'indiscutabilité scientifique à toutes les déductions qu'on avait tirées des premiers faits ; les raisonnements et les conclusions monistes ont apparu avec la même logique obligatoire que les conclusions transformistes elles-mêmes, et ainsi de quelques végétaux où de quelques animaux voisins on a étendu et généralisé à l'univers entier, homme compris, le dogme de la transformation des espèces.

Comme ce sont ces généralisations qui étaient surtout populaires et qui avaient du succès à cause du parti qu'on pouvait en tirer contre les conceptions théologiques de l'univers, on a, dans le monde philosophique, insisté sur ces généralisations sans discuter et contrôler la valeur scientifique de ces généralisations et on a lancé comme un bloc inattaquable le dogme entier du transformisme-monisme, alor que, seuls, les faits découverts par les naturalistes avaient et gardaient une valeur scientifique indiscutable.

Pour se rendre compte de l'importance de la première partie solide et positive du transformisme, et la bien distinguer et séparer de la seconde partie, discutable et contestable des généralisations théoriques, il faut se rappeler l'état de l'opinion des naturalistes (comme je l'ai résumée au début du premier chapitre) sur la définition et la fixité des espèces jusqu'à Cuvier, jusqu'aux travaux de Lamarck et de Charles Darwin.

Toute l'histoire naturelle vivait sur la notion de l'espèce fixe et immuable, formée d'êtres (végétaux ou animaux) semblables les uns aux autres, semblables à leurs générateurs et à leurs engendrés. Les variétés que l'on connaissait dans certaines espèces étaient infécondes ou revenaient rapidement au type primitif ; les hybrides n'étaient pas féconds sous leur forme d'hybrides... on n'admettait donc pas la mutation des espèces les unes dans les autres et on ne savait rien sur l'origine des espèces ; ce qui permettait l'hypothèse métaphysique et religieuse de la création de chaque espèce...

Les travaux de Lamarck et de Darwin ont bouleversé cette notion : on a vu des espèces se transformer
les unes dans les autres, les espèces nouvelles se transmettre héréditairement sous cette nouvelle forme...
De plus, la paléontologie a révélé des formes disparues
et des formes de transition, qui ont permis d'admettre
non seulement la transformation, mais l'origine des
espèces...

Voilà la découverte acquise, les faits établis positivement qui ont ouvert en histoire naturelle une phase
toute nouvelle, indiscutable, et dont il serait puéril
de discuter la réalité et l'importance.

Mais ces faits ne détruisent pas cependant la notion
d'espèce ; ils en modifient la définition, mais ne la
suppriment pas. De ce que certaines espèces se transforment plus ou moins facilement et plus ou moins
longuement les unes dans les autres, cela ne veut pas
dire que toutes les espèces viennent les unes des autres, se confondent les unes avec les autres... qu'il
faille supprimer la notion d'espèce et ne plus voir
que les individus.

On a voulu faire donner cette signification étendue
aux découvertes du darwinisme. On a dit : les faits
observés et acquis par Darwin ont supprimé l'immutabilité des espèces, ont abaissé les barrières qui sé-
paraient les espèces entre elles, ont supprimé les
critères qui permettaient de distinguer et de caractériser les espèces ; il ne faut plus considérer les
espèces, mais les individus.

Ainsi, dans un travail récent de la *Revue philosophique* (août 1917), M. Étienne Rabaud, étudiant
« la valeur de l'espèce dans la biologie contempo-

raine », constate que le début des controverses relatives
à la question de l'espèce ne date guère que de l'apparition du transformisme darwinien... A peine les
naturalistes parvenaient-ils à s'entendre sur des
termes précis que l'idée transformiste vint soulever
la question de variabilité. Après examen du critère
morphologique et des critères physiologiques pour
caractériser l'espèce, il constate que « la recherche
d'un critère conduit au désaccord et à la confusion.
Quelque point de vue que l'on adopte, on ne réussit
pas à enfermer l'espèce dans une définition précise,
à établir objectivement l'existence d'une unité élémentaire constante et nettement caractérisée... En conséquence, nous devons échapper à la tendance générale
de substituer l'espèce à l'individu, d'attribuer à l'espèce plus d'importance qu'à l'individu. Celui-ci,
d'ailleurs, agit toujours comme s'il était seul. Aucune
des diverses phases de son comportement n'est liée,
ni de près ni de loin, aux besoins, aux intérêts
du groupement. D'excellents observateurs consta-
tent — avec une nuance d'étonnement — que le
comportement d'un organisme dépend uniquement
de l'intérêt individuel et non de l'intérêt spécifique.
Aucune coordination spéciale, en effet, ne relie entre
eux les organismes semblables ; tous sont entraînés
au même titre dans l'interaction générale. Il est trop
évident que tout ce que fait ou peut faire un individu
tient exclusivement à ses qualités personnelles qui
règlent ses mouvements en fonction des contingences
extérieures. Dès lors, nous plaçant au point de vue
général, parler de l'existence d'une espèce, de la
sauvegarde d'une espèce, n'a pas plus de sens

que d'apprécier un tableau d'après son cadre. »

Il faudrait se garder de considérer cette condamnation et cette suppression de l'espèce comme un dogme scientifique, positivement établi par les observations de Lamarck, de Darwin et de tous les naturalistes contemporains. Ces travaux ont modifié et étendu la notion d'espèce ; ils ont pu supprimer un certain nombre d'espèces antérieurement considérées comme intangibles, mais on ne peut pas dire que, au moins parmi les animaux supérieurs et au voisinage de l'homme dont nous reparlerons, il n'existe plus du tout d'espèce.

En fait, il existe un certain nombre d'espèces qui ont pu provenir d'autres dans les temps plus ou moins anciens, mais qui, depuis un très grand nombre d'années, n'ont pas varié, sont restées elles-mêmes, pour lesquelles on peut laisser de côté les controverses nées de l'apparition du transformisme et garder la vieille formule de Cuvier, à laquelle, dit M. Etienne Rabaud, presque toutes les autres se ramènent, au fond : « l'espèce est une collection de tous les corps organisés nés les uns des autres ou de parents communs et de ceux qui leur ressemblent autant qu'ils se ressemblent entre eux. »

2. — LES GÉNÉRALISATIONS HYPOTHÉTIQUES TRANSFORMISTES, MONISTES ET ÉVOLUTIONNISTES.

Nous venons de voir les faits nouveaux acquis par les naturalistes depuis Lamarck et Darwin, faits sur lesquels il n'y a pas de discussion scientifique à établir. Mais nous avons montré, je crois, en même temps,

la différence qu'il y a entre ces faits particuliers observés par les méthodes positives et la grande et magni-
fique doctrine qui a été édifiée sur les mêmes travaux
et qui constitue l'évolutionnisme transformiste-moniste, — doctrine d'après laquelle il ne s'agit plus de
confondre entre elles certaines espèces vivantes que
l'on était habitué à séparer comme immuables ; il
ne s'agit plus de diminuer le nombre des espèces et
de préciser l'origine d'un certain nombre d'entre
elles, — doctrine d'après laquelle l'univers tout entier
est régné et gouverné par une loi unique, la loi de
l'évolution, — l'évolution étant, non seulement un fait
mais une force qui gouverne le monde, qui a pris l'univers sous la forme de poussière minérale amorphe,
en a fait peu à peu à travers les siècles tout le monde
inanimé, puis a formé et fait naître les êtres vivants
inférieurs monocellulaires, qui graduellement ont
formé tout le monde végétal et tout le monde animal
jusqu'à l'homme avec ses facultés psychiques et ses
émotions esthétiques les plus élevées...

La distance est grande entre les humbles faits
du début et l'épanouissement de la doctrine philosophique ; la différence est grande aussi entre la certitude scientifique des faits initiaux fondamentaux
et la valeur de certitude très relative que présentent
les généralisations hypothétiques qu'il a fallu faire
successivement pour passer du groupe de faits à la
doctrine philosophique.

Je ne veux pas énumérer toutes ces généralisations
hypothétiques par lesquelles il faut passer pour aller
de Darwin à Herbert Spencer ; mais je tiens à en indiquer quelques-unes.

1. Il y a d'abord une généralisation, en quelque sorte élémentaire, d'une espèce vivante à une autre espèce vivante voisine qui est le raisonnement expérimental habituel, parfaitement légitime et scientifique, de la méthode expérimentale.

Artificiellement l'homme produit des mutations d'une espèce végétale dans une autre voisine; naturellement une mutation analogue spontanée est observée entre deux espèces végétales voisines. De plus, les espèces végétales ainsi obtenues sont fécondes, ont les caractères d'une espèce végétale vraie... Comme l'expérience a été bien conduite et reproduite un grand nombre de fois, on généralise et on conclut à cette loi générale que les espèces végétales ne sont plus immutables comme on le disait autrefois et que certaines se transforment les unes dans les autres.

Voilà une première généralisation hypothétique, mais que le nombre croissant des expériences rend de plus en plus scientifiquement certaine. Cette généralisation s'applique aussi bien aux espèces voisines du règne animal qu'à celles du règne végétal.

2. C'est par une généralisation plus étendue et par suite moins strictement démontrée en science, plus hypothétique par conséquent, que l'on étend ensuite cette loi de la mutation des espèces à *toutes* les espèces animales d'un côté, à toutes les espèces végétales de l'autre.

Ceci est une proposition nouvelle qui demande à être démontrée positivement et expérimentalement.

Il est en effet au contraire beaucoup plus vraisemblable qu'*en fait* il y a un certain nombre d'espèces supérieures, soit animales, soit végétales, qui,

avec des frontières peut être plus étendues, continuent à répondre à l'ancienne définition de l'espèce
et n'ont pas varié depuis un assez grand nombre
d'années pour être considérées comme *fixées*.

Sans parler de l'homme auquel seront consacrés
des chapitres spéciaux, il semble bien que les abeilles,
les fourmis — et aussi des espèces tout à fait inférieures — répondent à la même description scientifique et présentent les mêmes caractères spécifiques
aujourd'hui qu'il y a plusieurs siècles.

La généralisation de la mutabilité de toutes les
espèces les unes dans les autres est donc une pure
hypothèse, nullement démontrée par l'observation
scientifique, et cependant nécessaire pour justifier
l'édification de la doctrine évolutionniste complète.

3. L'étude des formes de transition entre les espèces
et les études paléontologiques ont montré que non
seulement les espèces voisines pouvaient varier et se
transformer les unes dans les autres, mais qu'encore,
historiquement et en fait, c'était là *l'origine* d'un
certain nombre d'espèces.

De l'idée de transformation des espèces on est
passé à l'idée d'origine des espèces. Ceci a été démontré
scientifiquement pour un certain nombre d'espèces
et peut être considéré comme une proposition démontrée.

Mais alors on a dû, pour cette question de l'origine
comme pour la question de la transformation, généraliser la proposition à toutes les espèces animales
et à toutes les espèces végétales. Voilà une nouvelle
généralisation hypothétique, plus éloignée encore que
les précédentes de la stricte démonstration scientifi-

que : toutes les espèces vivantes, animales et végétales, ont leur origine dans une autre espèce plus ou moins voisine.

4. On ne dit pas seulement, dans la doctrine évolution niste, que telle *peut* être l'origine des espèces, mais que telle a été historiquement — telle est encore aujourd'hui et telle sera indéfiniment. L'*évolution* n'est pas seulement un fait, c'est une *force* qui préside à la transformation de toutes les espèces, à l'origine et à la formation successive de toutes les espèces vivantes, tant animales que végétales.

Avec cette nouvelle généralisation hypothétique — tout aussi nécessaire à l'édification de l'évolutionnisme transformiste-moniste — nous nous éloignons toujours davantage de la rigueur scientifique des faits positifs observés par Lamarck, Darwin et leur école.

5. La doctrine évolutionniste étant absolument universelle, cette force de l'évolution ne doit pas seulement admettre et expliquer le passage évolutif naturel de toutes les espèces végétales, puis de toutes les espèces animales, mais encore le *passage du monde inanimé au monde vivant.*

En effet, quoique toutes les observations scientifiques et positives aient été faites par les naturalistes, c'est-à-dire sur les êtres vivants, le dogme transformiste-moniste ne se limite pas à ce seul monde vivant, mais a la prétention de s'étendre à l'univers tout entier ; c'est là une généralisation hypothétique, bien plus hardie que toutes les précédentes, mais faisant nécessairement partie de la doctrine, sinon depuis Lamarck et Darwin, du moins depuis Haeckel et Herbert Spencer.

Cette généralisation est absolument indispensable à l'édification de la doctrine, qui a la prétention de remplacer toute la doctrine de la création : on ne peut pas admettre la création du monde vivant distincte de la naissance et de l'évolution du monde inanimé ; tout doit sortir naturellement, par les lois uniques de l'évolution, du grain de poussière initial qui est à l'origine de tout, qui évolue successivement dans les diverses formes du monde minéral, puis passe aux formes élémentaires du monde vivant et donne naissance aux diverses branches de l'arbre végétal et de l'arbre animal jusqu'à l'homme compris.

Il faut donc que l'évolution produise et explique le passage des corps inanimés aux êtres vivants, c'est-à-dire ce que l'on appelle habituellement la *génération spontanée*. Or, nous avons vu les difficultés extrêmes qu'éprouvent les transformistes-monistes pour expliquer ce passage.

Les uns, les créateurs de la doctrine, n'admettent pas cette génération spontanée, mais ne donnent pas leur explication du passage du monde inanimé au monde vivant. Les autres, les logiciens outranciers du groupe, admettent la génération spontanée, mais sont obligés de reconnaître que, dans l'état actuel de la science, c'est là non seulement une hypothèse que rien ne démontre scientifiquement, mais encore une hypothèse dont, jusqu'à présent, toute la science démontre l'inanité et la non-existence...

Je n'ai naturellement pas la prétention, dans les quelques pages qui précèdent, de réfuter tout le transformisme et le monisme. L'entreprise eût été ridicule. J'ai voulu seulement montrer que toute la doctrine édifiée sur les faits observés par Lamarck et Darwin a la solidité et la certitude scientifiques qu'ont ces faits eux-mêmes.

J'ai essayé de montrer que dans cette doctrine il y a une grosse part de généralisations hypothétiques et que par conséquent elle ne s'impose pas aux philosophes et à tout le monde comme un dogme indiscutable ou comme une vérité scientifique démontrée.

C'est l'idée que Vialleton a très justement exprimée avec sa compétence indiscutée : « Si on entend par évolution les idées soutenues par Haeckel, qui, partant d'une cellule primitive simple, en fait dériver les êtres les plus compliqués et lie tous les animaux dans un arbre généalogique unique, en supposant connus les causes et le mécanisme de ces transformations, *il est permis de rester sceptique* ; car l'*évolution*, ainsi comprise, *renferme* encore *beaucoup plus d'hypothèses* et de problèmes *que de vérités démontrées* ». Et ceci est encore bien plus vrai si on ne se contente pas de réunir tous les animaux et si, en évolutionniste complet et convaincu, on relie l'univers tout entier, depuis le grain de poussière minérale jusqu'à l'homme.

De ce qui précède on peut conclure aussi que cette très grave question du transformisme n'est pas exclusivement du domaine et de la compétence des naturalistes. Pour discuter les faits observés et établis par Lamarck, Darwin et leur école, il faut être un naturaliste et un naturaliste expérimenté. Mais pour discuter les généralisations hypothétiques que l'on a édifiées sur ces faits, pour construire et établir le dogme transformiste-moniste, cette condition n'est plus requise : il suffit d'avoir du bon sens et de la logique.

Ce n'est plus une question de science pure, c'est une question de philosophie basée sur la science.

Une dernière remarque encore : toute la discussion qui précède laisse volontairement de côté les arguments tirés de l'application à l'homme du dogme transformiste-moniste. Dans les chapitres suivants, nous verrons les difficultés nouvelles que fait surgir cette application, cependant capitale pour le point de vue auquel nous nous plaçons dans ce livre.

Mais, avant d'aborder cette partie de la critique, nous avons encore à parler de ce que nous avons appelé *l'argument embryologique des transformistes-monistes* qui est extrêmement important pour la discussion générale que nous esquissons.

3. — CRITIQUE DE L'ARGUMENT EMBRYOLOGIQUE DES TRANSFORMISTES-MONISTES.

J'ai longuement exposé (chapitre II § 2) l'argument embryologique des transformistes-monistes, montré combien cet argument avait frappé en dehors même du monde naturaliste, et était retenu tous les jours par les philosophes comme une preuve *actuelle*, sans cesse renouvelée et par suite indiscutable de la réalité positive du transformisme.

Une première partie de l'argument embryologique n'a qu'une très médiocre importance et ne nous arrêtera pas longuement : tous les êtres vivants sortent d'un élément cellulaire identique à lui-même ;

ce qui montre la parenté qui unit tous les êtres vivants entre eux.

Ceci ne prouve qu'une chose, c'est que nos moyens d'investigation sont encore essentiellement incomplets et rudimentaires et ne nous permettent pas de distinguer morphologiquement l'élément unicellulaire d'où sortira un homme, celui d'où sortira un mammifère élevé ou même celui qui évoluera toute sa vie en être unicellulaire ; mais cela n'empêche pas ces éléments unicellulaires initiaux d'être dynamiquement, essentiellement, très différents les uns des autres.

Le mystère est et reste le même pour ce problème comme pour le problème de l'hérédité, — malgré tous les progrès de la science histologique embryologique coutemporaine. L'ovule initial d'un homme contient tout l'avenir d'un homme dans un élément monocellulaire qui, morphologiquement, ressemble absolument à un amibe qui contient l'avenir d'un amibe. Cela ne prouve rien.

Cette première partie de l'argument transformiste-moniste n'a donc aucune valeur dans un sens ou dans un autre pour la discussion qui nous occupe. Il en est tout autrement de la seconde partie : si l'indiv du élevé (animal supérieur, homme) récapitule dans son développement embryologique ontogénique les formes successives du développement phylogénique, c'est là un puissant argument en faveur de la doctrine évolutionniste en général.

Dans son livre déjà cité, *le Problème de l'évolution*, mon collègue Vialleton a présenté avec beaucoup de compétence et de clarté les objections qui ont été faites dans ces derniers temps à la loi ontogénique de

Haeckel par divers auteurs, notamment par Hertwig,
et qui l'ont ainsi entièrement réfutée et détruite, au
moins sous la forme importante pour la question qui
nous occupe.

On peut résumer son argumentation.

« Il existe évidemment un certain parallélisme
entre le développement des organes dans l'ontogénèse des animaux supérieurs et celui de ces mêmes
organes tel qu'il est montré par l'anatomie comparée
dans les formes permanentes graduellement compliquées des différents êtres. Si c'est cela que l'on veut
dire par loi biogénétique, il n'y a rien à objecter. Mais
il faut bien préciser qu'il ne s'agit que d'un *para-
lélisme idéal*, expression de lois générales du développement et non pas de la répétition de faits héréditaires, comme cela serait si l'on acceptait la loi
biogénétique dans son sens strict et le plus communément adopté. »

Il est indubitable que *le développement ne repro-
duit point des structures ancestrales, que l'ontogénèse
ne récapitule point réellement la phylogénèse.*

1. La composition de l'œuf en fait quelque chose
de tout à fait différent de la cellule primitive, d'où
l'espèce est sortie en effectuant son long développement à travers les âges. L'œuf est bien une cellule et
ne peut être classé autrement que comme cellule ;
mais cette cellule ne ressemble pas du tout à celle
qui a donné naissance à l'espèce. L'œuf du poulet
correspond aussi peu que le poulet lui-même à une
forme initiale de la chaîne phylogénétique.

2. Les organes des embryons sont devenus embryonnaires. Ce ne sont plus que des termes de passage

ayant perdu beaucoup des caractères que possé-
daient — lorsqu'ils fonctionnaient dans les ancêtres —
les organes correspondants, en ayant acquis de nouveaux, mais en définitive très différents des organes
qui ont existé à un moment donné. *Ils ne peuvent
être rapportés à un ancêtre déterminé et ne permettent
aucune conclusion précise au point de vue généalogique.*
Ainsi « les arcs branchiaux d'un embryon de mammifère ne sont que des rudiments d'arcs ; ils ne peuvent indiquer en aucune manière l'ancêtre d'où sont
sortis les mammifères. Ils ne rappellent pas des arcs
branchiaux de vertébrés inférieurs, mais ceux des
embryons de ces animaux... Loin de permettre de
reconstituer leur ancêtre, les embryons de mammifères pourvus d'arcs branchiaux montrent simplement que des animaux conformés comme ils le sont
auraient été incapables de vivre. »

3. Les *embryons des vertébrés supérieurs,* si on les
considère dans leur ensemble, et non plus seulement
dans leurs organes pris séparément, *ne ressemblent
jamais à des animaux inférieurs.* Ils sont déterminés
de très bonne heure comme membres de leur classe
ou de leur groupe (sous-embranchement) et se distinguent des vertébrés appartenant aux autres groupes. « Aussi peut-on dire, avec Osc. Hertwig, que
*l'embryon, loin d'imiter ou de répéter d'autres formes,
ne fait au sens littéral du mot, que son propre développement.* »

4. Dans l'ontogénèse, tous les organes ne présentent
pas un développement progressif ; beaucoup (œil,
branchies) ne montrent aucune étape réalisée dans
la série des formes permanentes...

5. « Enfin — et ceci n'est pas une objection, mais une remarque nécessaire pour bien comprendre l'ensemble des développements réalisés — la théorie de la récapitulation n'envisage guère qu'une série de développements, la série progressive aboutissant à l'homme. Elle conduit inconsciemment à la conception erronée de l'échelle animale, qui, cent fois combattue et renversée, reparaît encore aujourd'hui modernisée dans ce que l'on appelle la série animale. Il est bien clair qu'une telle série n'a aucune existence réelle et ne peut en avoir une dans l'état de nos connaissances : c'est une pure abstraction. D'autre part, il n'est pas du tout certain que le développement de l'homme se soit effectué suivant des échelons comparables à ceux que nous pouvons imaginer d'après l'ensemble des êtres actuellement vivants... En tous cas, il faut se garder de confondre le développement fonctionnel d'un organe avec le développement généalogique des êtres qui le précèdent. »

En somme, « *les structures reproduites pendant le développement ontogénique sont trop générales et d'un caractère trop indéterminé pour permettre de reconstruire, d'après elles, les ancêtres réels de l'espèce...* C'est pourquoi *la loi biogénétique doit être rejetée dans son sens strict et comme permettant de reconstituer par l'étude de l'ontogénie la série réelle des ancêtres d'une espèce* ».

On peut conserver la loi *dans un sens métaphorique*, en substituant à la formule de Haeckel : « récapitulation des formes ancestrales éteintes », celle d'Osc. Hertwig « récapitulation des formes qui obéissent aux lois du développement organique et vont du simple au

complexe ». Mais « il est incontestable qu'avec cette
nouvelle formule *la loi biogénétique est perdue* ; car elle
ne prétendait pas exprimer une loi générale du développement organique indépendante de l'idée de filiation et d'hérédité ; mais elle croyait trouver dans cette
dernière (l'hérédité), la raison même du développement
ontogénique tel qu'il est et la cause des formes qui s'y
succèdent. »

Vialleton conclut en définitive avec Osc. Hertwig :
En raison de la transmission à l'œuf des propriétés
acquises par l'espèce, *une répétition réelle des formes ancestrales est absolument impossible et l'embryon
ne peut aucunement nous révéler les formes que son
espèce a traversées dans le cours du temps.*

J'ai un peu insisté sur cette discussion et cette
critique de l'argument embryologique des transformistes-monistes, malgré son aridité, parce qu'elle
me paraît absolument capitale pour étayer la doctrine
que je soutiens dans ce livre.

Avec sa base d'allure rigoureusement scientifique
et positive, la loi biogénétique était devenue un argument très populaire en faveur du transformisme,
car, s'il était édifié sur des observations très sérieuses,
très ardues, faites par les naturalistes les plus compétents, il avait pris, en dernière analyse, sous la plume
de Haeckel, une forme facile à comprendre par les
esprits les moins scientifiques et les plus philosophiques.

Chaque individu d'une espèce supérieure récapi-
tulait dans son développement embryologique,
successivement, toutes les formes par lesquelles était

passée l'espèce pour se former. Quoi de plus clair et de plus actuellement démonstratif? Il n'était plus nécessaire de raisonner sur les empreintes préhistoriques, sur les formes anciennes de transition d'une espèce à l'autre : la transformation et l'origine des espèces étaient démontrées *tous les jours* par les phases successives du développement individuel...

Aussi avons-nous vu cette loi biogénétique figurer dans les traités classiques de philosophie élémentaire; elle apparaissait comme indiscutable pour d'autres que les naturalistes eux-mêmes ; les philosophes étaient dans l'impossibilité d'y toucher et devaient l'accepter comme un *dogme scientifique*, et avec elle le transformisme apparaissait de la même manière comme un dogme scientifique intangible...

Cette loi ne pouvait être discutée, critiquée et modifiée que par des savants naturalistes aussi compétents que ceux qui l'avaient édifiée. C'est ainsi que les choses se sont passées; de nouvelles recherches, sans renverser les faits déjà acquis, ont démontré scientifiquement que ces faits avaient été mal interprétés, qu'il fallait en modifier les conclusions à en tirer et que ces modifications d'interprétation suffisaient à changer, du tout au tout, les conclusions que l'on avait cru pouvoir tirer de ces premiers faits.

C'est ainsi qu'il faut comprendre les nouveaux travaux sur la question : il ne faut pas y voir le renversement de ce qui avait été observé ; il faut y voir seulement le renversement des conclusions philosophiques que l'on avait déduites.

Comme dit encore Vialleton, « l'abandon de la loi biogénétique n'est pas un retour en arrière, un recul

de la science ; c'est au contraire une conquête nouvelle ». Ces faits nouveaux ont accru le patrimoine
acquis de la science positive et ont montré une fois de
plus qu'il faut distinguer dans la science en général
les faits et les généralisations hypothétiques que
l'on en déduit : dans le domaine des faits, la science
progresse en se complétant sans se contredire, tandis que, dans le domaine des hypothèses, elle progresse en se modifiant constamment.

CHAPITRE VI

LE « DOGME » TRANSFORMISTE
N'EST PAS APPLICABLE A L'HOMME,
ESPECE FIXÉE DEPUIS DES SIÈCLES

1. Position nouvelle de la question : le transformisme, ne s'appliquant qu'à certaines espèces, s'applique-t-il à l'espèce humaine actuelle? — 2. L'espèce humaine étant fixée depuis des siècles, les lois de la transformation des espèces ne s'appliquent pas à elle. — 3. Objections à cette doctrine.

---

1. — Position nouvelle de la question : le transformisme, ne s'appliquant qu'a certaines espèces, s'applique-t-il a l'espèce humaine actuelle?

Le résumé et les critiques que nous avons développés dans les pages précédentes, et spécialement dans le chapitre cinquième, transforment un peu la question posée au début de ce volume et obligent à la poser sous une forme nouvelle.

Nous avons vu que, si l'on sépare soigneusement les *faits* scientifiquement établis et les *hypothèses* plus ou moins logiquement déduites de ces faits, il apparaît nettement démontré que le transformisme et ses lois s'appliquent positivement à un certain nombre d'espèces, voisines les unes des autres, mais ne s'appliquent pas à toutes les espèces actuellement existantes.

Les faits observés par Lamarck, Darwin et leur École ont démontré que les espèces n'étaient pas toutes immuables, invariablement séparées des espèces voisines, qu'au contraire elles pouvaient se transformer — et dans un certain nombre de cas se transformaient — les unes dans les autres. Ces faits ont donc obligé à modifier l'ancienne conception de l'espèce en général...

Mais cette démonstration n'a été faite, scientifique et positive, que pour un certain nombre d'espèces. Pour un grand nombre d'autres espèces vivantes, végétales ou animales, si on laisse de côté la question — qui est tout autre — de leur première origine, elles apparaissent fixées, et toujours les mêmes, depuis un assez grand nombre d'années pour qu'on n'ait pas le droit de leur appliquer les lois de la transformation des espèces ou du transformisme.

Il faut en effet bien distinguer, dans l'étude scientifique des êtres vivants, la question de leur origine première et la question de leur histoire et de leur description actuelles. C'est là une distinction que l'on évite trop souvent de faire.

La question de l'origine première — création ou évolution — des êtres vivants est certainement très importante et intéressante ; et on peut dire que dans cette question les faits qui servent de base au transformisme ont une valeur très grande. Mais cette question est, pour chaque espèce, complètement indépendante de l'histoire naturelle, scientifique et positive, de cette espèce vivante.

Cette dernière question de l'histoire scientifique *actuelle* d'une espèce animale n'a à connaître les faits de variation et de transformation des espèces que si l'expérience scientifique a démontré qu'ils s'appliquent à cette espèce particulière ; que si l'observation scientifique a démontré, dans ces dernières années ou au moins *dans ces derniers siècles*, des mutations et des transformations *pour l'espèce même que l'on étudie*.

Si au contraire des observations, scientifiques, patiemment et *longuement* continuées, ont démontré que l'anatomie et la physiologie des êtres vivants de cette espèce restent les mêmes depuis des siècles, il n'y a plus lieu de modifier, pour cette espèce, l'ancienne notion de l'espèce immuable, fixe et non transformable, et il n'y a pas lieu de lui appliquer les lois du transformisme.

On voit dès lors comment se présentera dorénavant la discussion du transformisme au point de vue de notre étude actuelle.

Il ne s'agit plus de discuter la légitimité et la valeur scientifique du transformisme : nous avons reconnu cette légitimité et cette valeur scientifique en *soi* et *pour un certain nombre d'espèces vivantes*. Il s'agit de savoir à quelles espèces vivantes il s'applique et à quelles autres il ne s'applique pas.

Et quand — comme nous le faisons ici — on étudie spécialement une espèce vivante, il ne s'agit plus de discuter le transformisme *en général* ; il s'agit simplement de savoir s'il s'applique, ou non, à l'espèce particulière que l'on a en vue.

On comprend l'importance de cette transformation de la question et du nouvel aspect sous lequel cette question se présente dorénavant dans ce livre.

Étudiant les rapports du dogme transformiste avec la philosophie, nous n'avons évidemment à nous occuper ici que de l'*homme*, de la science de l'homme, de la biologie humaine ; la philosophie étant essentiellement humaine et n'ayant à se préoccuper que secondairement et accessoirement du reste de l'univers, des autres êtres vivants et des corps inanimés; le point de vue biologique général est pour nous tout à fait secondaire.

La question se pose donc, non certes de savoir si le transformisme est vrai pour d'autres espèces vivantes, animales ou végétales, mais uniquement de savoir *s'il s'applique, ou non, à l'homme*, et par suite si la philosophie, basée sur la science, doit ou non tenir compte, dans ses raisonnements, du transformisme et de ses lois.

Et l'on remarquera qu'il ne s'agit pas de savoir si le transformisme s'est appliqué, ou non, à l'homme à l'époque très lointaine où il n'était pas encore homme. La question de l'origine de l'homme — je le répète une fois de plus — est extrêmement importante et tous les documents de la *période préhumaine* avec les données du transformisme sont nécessaires pour la résoudre.

Mais c'est là une question indépendante de l'étude actuelle et de la science de l'homme. Créé d'emblée ou sorti par évolution d'espèces de transition éteintes actuellement, l'homme est toujours, depuis plus de dix siècles, assez caractérisé et spécifié pour faire l'objet d'une science à part, — c'est du moins la doctrine que nous soutenons depuis longtemps.

Donc, la question du transformisme applicable ou non à l'homme se pose ainsi : *l'homme est-il une espèce suffisamment fixée et fixée depuis un temps assez long pour que les lois du transformisme ne s'appliquent pas à lui ?* — Voilà la question à résoudre dans ce chapitre.

Donc, je tiens à le redire une dernière fois — parce que c'est un point de toute première importance — ce n'est pas la question du transformisme qui est en jeu. J'accepte et reconnais n'avoir pas de compétence pour discuter les faits du transformisme tels que les naturalistes les ont établis et les admettent. Je veux seulement essayer de démontrer que *l'espèce humaine n'est pas au nombre des espèces vivantes auxquelles s'appliquent les lois darwiniennes de la transformation des espèces.*

2. — L'ESPÈCE HUMAINE, ÉTANT FIXÉE DEPUIS DES SIÈCLES, LES LOIS DE LA TRANSFORMATION DES ESPÈCES NE S'APPLIQUENT PAS A ELLE.

L'âge de l'humanité peut être — et est encore — discuté ; son antiquité ne l'est pas.

De Quatrefages a consacré deux chapitres de son livre *l'Espèce humaine* à cette double question de l'antiquité et de l'âge de l'homme. Pour l'antiquité, il parle de trente, soixante-dix siècles ; les darwiniens parlent de millions d'années...

Nous pouvons prendre six mille ans comme un chiffre minimum assez généralement admis.

La question se pose alors ainsi : depuis six mille ans, c'est-à-dire depuis que l'on connaît l'homme comme homme, l'espèce humaine a-t-elle subi, des modifications importantes, des transformations qui obligent à dire que l'espèce humaine doit être rattachée à d'autres espèces voisines, — ou, au contraire, a-t-elle gardé une fixité assez grande pour qu'on lui maintienne l'ancienne définition de l'espèce et la considère comme une espèce fixée, c'est-à-dire comme une espèce à laquelle ne s'applique pas la loi darwinienne de la transformation des espèces?

Je crois que poser ainsi la question, c'est la résoudre et qu'il est impossible de répondre autrement que dans le sens de la fixité et de la non-transformation de l'espèce.

Certes, je ne dis pas que, depuis l'apparition de l'homme sur la terre, il ne se soit produit aucune modification ; mais il n'y a eu aucune modification assez importante pour indiquer une transformation de l'espèce, ni même des formes de transition indiquant la transformation de l'espèce dans un avenir plus ou moins éloigné.

Le seul changement que l'on puisse noter réellement est dans le degré de civilisation : il est évident que l'homme des cavernes était plus barbare, moins civilisé que celui d'aujourd'hui. Mais cela ressemble à la différence qu'il y a, aujourd'hui encore, entre l'homme cultivé et celui qui est resté plus ou moins à l'état sauvage.

Ces différences, qui sont réelles, indiquent des variétés, des *races*, mais pas des espèces différentes, ni des tendances formelles à la constitution de nouvelles espèces voisines.

Loin de marquer une tendance à la transformation de l'espèce humaine, le progrès vers une civilisation toujours plus élevée est une affirmation de l'espèce humaine, une preuve de l'unité de l'espèce humaine. Nous verrons en effet, dans le chapitre suivant, que ce progrès vers une civilisation croissante est un des caractères spécifiques de l'homme, un des caractères qui distinguent et séparent l'homme des autres espèces animales, même supérieures.

Les lois de l'hérédité qui, avec les lois de la sélection naturelle, sont l'origine et le point de départ des mutations d'espèces, ne s'appliquent pas à l'homme et ne peuvent pas altérer la fixité de l'espèce humaine. On ne cite pas de caractères importants nouveaux acquis par l'hérédité et on cite au contraire partout la circoncision, qui, pratiquée depuis plus de dix siècles chez les Israélites, n'a pas réussi à faire naître un enfant juif sans prépuce.

Les défenseurs du transformisme appliqué à l'homme ont bien compris la portée et l'importance de cette objection.

Edmond Perrier consacre un chapitre de son livre aux caractères et à l'histoire de « l'évolution humaine » et d'abord au développement des caractères spéciaux de l'organisme de l'homme. Tout d'abord il faut bien distinguer — et Perrier fait très bien cette distinction — l'évolution de l'individu humain et de l'espèce humaine *à l'intérieur* de l'espèce, et l'évolution qui marquerait le passage de l'homme d'une espèce dans une autre. C'est, bien entendu, de cette dernière qu'il s'agit uniquement ici : y a-t-il une évolution entraînant l'espèce humaine hors d'elle-même vers une autre espèce plus ou moins voisine, connue ou à connaître ?

C'est dans ce chapitre que Perrier fait l'important aveu suivant : « Si c'est bien réellement par des variations aidées de l'hérédité et de la sélection naturelle que l'homme a acquis ses caractères actuels, on doit nécessairement retrouver en lui un reste de la variabilité primitive de son organisme. *Il serait inadmissible qu'une fixité absolue eut fini par succéder à une variabilité continue chez un être lui-même continu dans le temps* ».

Il y a là en effet une objection absolument capitale, non seulement contre le transformisme appliqué à l'homme, mais encore contre tout le transformisme en général.

L'observation, très complète et très scientifique, du monde actuel ne montre aucune espèce en voie d'évolution et de passage d'une espèce à l'autre, et les archives de l'observation expérimentale sont maintenant tenues depuis assez longtemps pour que cette observation ait pris et prenne tous les jours plus d'importance. Il semble que les grandes espèces animales supérieures soient aussi fixes et actuellement immuables que l'espèce humaine elle-même. D'ailleurs, même si l'espèce humaine était la seule fixée, elle suffirait à constituer une objection très grave au transformisme général. Car, comme le reconnaît Perrier, une seule grande espèce faisant exception aux lois de l'évolution transformiste rend cette loi très problématique et compromet le dogme moniste et transformiste tout entier.

Comme je l'ai dit, Edmond Perrier comprend très bien toute la portée de l'argument ; il s'efforce alors de démontrer que l'espèce humaine ne présente pas de caractères de fixité ; il accumule les petites variations observées chez l'homme, « extrême variabilité » chez l'homme civilisé et chez l'homme sauvage, variations dans la taille, le teint, la couleur des cheveux ; les modifications professionnelles (myopie des horlogers et graveurs, déformations des cordonniers...) et il croit pouvoir conclure : « La variabilité actuelle de l'homme n'en demeure pas moins un fait acquis. Elle semble indiquer que notre espèce pourra encore se modifier par la suite des temps et surtout qu'elle n'a pas toujours été ce qu'elle est ». C'est par la lutte pour l'existence et la concurrence vitale que l'espèce humaine se maintient comme les autres et progresse. « Chaque peuple qui tombe est la marque d'un progrès de l'humanité... C'est à leur supériorité que les races humaines doivent leur extension sur la terre ; de même que les animaux disparaissent devant l'homme, cet être privilégié, de même le sauvage s'éteint devant l'Européen avant que la civilisation ait pu s'en emparer. » . . . . . .

(Ici est interrompu le manuscrit du « Dogme » transformiste.)

Imp. Crété. Corbeil

Original en couleur

NF Z 43-120-B

www.ingramcontent.com/pod-product-compliance
Lightning Source LLC
Chambersburg PA
CBHW072035080426
42733CB00010B/1904